ちくま新書

5語で通じるすごい英語表現 ―― 94パターンで話がとぎれない

倉林秀男
Kurabayashi Hideo
ジェフリー・トランブリー
Jeffrey Trambley

1822

まえがき

　言葉は対立や憎しみを生み出すことさえもあります。もちろん、誰もが憎しみを込めた言葉をぶつけ合う世界を望んでいるわけではありません。私たちは人と向き合い言葉を交わすときに、「なにをどのように言うのか」を常に頭の片隅に置きながら、コミュニケーションを行っています。それは相手のことを考えたり、自分の立場を考えたりしながら言葉を発するからです。つまり、私たちは言葉を交わすことを通じて、良好な関係を築いたり、自分の考えを伝えたり、相手の思いを受け止めます。もちろん、攻撃的な言葉のやりとりを行った末に互いの関係が悪化するということもあります。

　こうした言葉のやりとりの中でも、人間関係をなめらかにする、潤滑油のような言葉もあります。失敗して落ち込んでいる人に「仕方ないよね」と言って理解を示しつつ、前向きになってもらおうとします。こうした言葉の多くは決まり文句のような形、すなわち「定型表現」になっていることがあります。「仕方ない」の「仕方」とはどんな意味だろう、と考えることなく使っています。さらに「ない」の反対は「ある」だからといって「仕方ある」と言うことはあまりないでしょう。

　本書では「定型表現」として覚えておけば、そのまま使える表現もたくさん取り上げました。みなさんもご存じのように、このようなコンセプトで書かれた類書はたくさん出版されています。そうした本の中には「学校では教えない英語」という強いメッセージが打ち出されて

いるものもあります。ですが、私たちは学校で学んだ英語に加え、別の言い方を学べば表現力が２倍になるので、両方知っておいたほうがいいと思っています。

　そこで、本書では、学校で学ぶ英語で言える表現を「普通の表現」とし、それを「ちょっとだけクールな表現」にしたものを示しました。もちろん、クールな表現のうちいくつかは学校で習うものも入っています。どちらも通じる英語ですし、ひょっとするとフォーマルな場面では「普通の表現」のほうが好ましい可能性もあります。

　本書では主にアメリカのテレビドラマ、映画、SNSでよく使われる表現、94パターンを採用しています。どれも５語で言える表現で覚え易いように、用例を多くシンプルな解説になっています。ジェフリー・トランブリーさんが用例作成を担当し、語法や表現について倉林が解説を加え、互いに意見を交換し合いながら原稿をまとめ、ちくま新書の編集者である羽田雅美さんから修正意見をいただきつつ整えて本書ができあがりました。

　１つの定型表現を豊かなものとするために、訳語は文脈に合わせて異なったものにしてあります。用例を楽しみながら、英語表現のバリエーションを身につけていただければと思っております。

　　　　　　　　　　　　2024年盛夏　倉林　秀男

5語で通じるすごい英語表現
94パターンで話がとぎれない
【目次】

まえがき 倉林秀男　003

Chapter 1　よく使う決まり文句 ——これさえできればこわくない　013

001「承知しました」
I understand. → **Got it!**

002「理解できません」
I don't understand. → **I don't get it.**

003「了解しました」
I will do that. → **Will do.**

004「わからないな」
I have no idea. → **I don't have a clue.**

005「どうしたのかな？」
What's happening? → **What's up?**

006「大丈夫、がんばって」
Good luck! → **You got this!**

007「よくやった！」
Good job! → **You nailed it!**

008「プレゼントありがとう」
Thank you for the present.
→ **You really shouldn't have.**

009「驚かないでね」
Prepare yourself for a surprise. → **Brace yourself.**

Chapter 1　まとめ

Chapter 2 「好き」「嫌い」の伝え方 ——誤解のないように

033

010「これは私が好きな曲です」
It's my favorite song. → **It's my jam.**

011「つまらなくなっちゃった」
I'm not interested in it. → **I'm so over it.**

012「彼はあなたに興味がありません」
He doesn't like you. → **He's just not into you.**

013「うんざりです」
I'm annoyed with... → **I've had it with...**

014「なんとなくピンとこないです」
I don't like the atmosphere. → **It's really not my vibe.**

015「それは好きじゃないな」
I don't like that. → **I don't care for that.**

016「それは得意ではないです」
I'm not good at that. → **That's not in my wheelhouse.**

Chapter 2 まとめ

Chapter 3 自分の印象や感想を伝える ——ポジティブな感情

049

017「ヤバい!」
That's very delicious. → **That's insane!**

018「すごかった」
I was so excited. → **I was freaking out.**

019「すごく楽しかった」
I had fun. → **I had a blast.**

020「泣けました」
I was moved to tears. → **I got kinda choked up.**

021「おもしろかった」
That was funny. → **That was hilarious.**

022「なつかしいです」
That's very nostalgic. →**That reminds me of...**

023「彼女はすごかった」
She did very well. →**She slayed it.**

024「超かわいい」
It's nice. →**It's super cute.**

025「似合ってますよ」
It really suits you. →**It's so you.**

026「それはすばらしいです」
I'm so happy for you. →**I love that for you.**

027「いい雰囲気が出てる」
It looks like... →**It's giving...**

Chapter 3 まとめ

Chapter 4　自分の印象や感想を伝える ——ネガティブな感情

028「美味しくないです」
It didn't taste good. →**It was gross.**

029「サイテー」
It was very bad. →**It totally sucked.**

030「混んでました」
It was crowded. →**It was packed.**

031「彼は嫌な感じです」
He is strange. →**He gives me bad vibes.**

032「怒ってます」
I got really angry. →**I totally lost it.**

033「失礼な」
That is rude. →**That's kinda shady.**

034「驚きました」
I am surprised. →**I'm floored.**

035「おかしいよ」
That's crazy. →**That's nuts.**

036「それはいただけない」
I can't support that. → **I can't get behind that.**

037「それはひどいな」
That's not right. → **That's messed up.**

Chapter 4 まとめ

Chapter 5 自分の意志や希望を伝える ——慎重に、でもはっきり

038「ありえない」
No way. → **I literally can't even.**

039「マジで無理」
That makes me uncomfortable. → **That's so cringey.**

040「乗り越えられるよ」
You will heal yourself. → **You'll get over it.**

041「約束します」
I promise. → **You have my word.**

042「忘れてました」
I forgot about that. → **It slipped my mind.**

043「急いでます」
I'm in a hurry. → **I'm pressed for time.**

044「なんとかします」
I will try to understand it. → **I'll figure it out.**

045「イライラします」
That annoys me. → **That drives me nuts.**

Chapter 5 まとめ

Chapter 6 相手に聞く時、お願いする時 ——丁寧に、わかりやすく

046「正直に言ってください」
Tell me the truth. → **Level with me.**

047「何を考えていますか？」
What are you thinking about? → **What's on your mind?**

048「コーヒーでもどうですか？」
Do you want to have coffee together?
→ **How about grabbing some coffee?**

049「いろいろぶっちゃけて言おうよ」
Tell me the gossip. → **Time to spill the tea.**

050「なにがあったのですか？」
What's the matter with you? → **What's your deal?**

051「本当ですか？」
Really? → **For real?**

052「どう思いますか？」
What do you think of...?
→ **What do you make of...?**

053「それで大丈夫ですか？」
Does that suit you? → **Does that work for you?**

054「ちょっと待ってください」
Please wait a moment. → **Just a sec.**

055「空気を読んで」
Understand this situation. → **Read the room.**

Chapter 6 まとめ

Chapter 7　自分の状態を伝える──正直に、しっかりと

056「大したことではないよ」
No problem. → **It's not a big deal.**

057「混乱してます」
I am confused. → **I'm a mess.**

058「困った状態です」
I'm in trouble. → **I'm screwed.**

059「お金がない」
I have no money. → **I'm so broke.**

060「仲良くなりました」
We got along well. → **We really hit it off.**

061　「疲れてます」
I'm tired. → **I'm drained.**

062　「疲れていて（集中できません）」
I can't concentrate well. → **I'm so out of it.**

063　「風邪かもしれない」
I am catching a cold.
→ **I'm coming down with something.**

064　「ちょっと落ち込んでます」
I feel sad. → **I'm kinda down.**

065　「投稿がバズりました」
My post was popular.
→ **My post blew up.**

Chapter 7　まとめ

Chapter 8　自分の意見を伝える ——日本人の苦手な表現

066　「仕方がないよ」
It can't be helped. → **It is what it is.**

067　「それは時間のムダだよ」
It's a waste of time. → **It's not worth it.**

068　「心配しないで」
Don't worry about it. → **Just let it go.**

069　「流れにまかせて」
Take things as they come. → **Go with the flow.**

070　「前向きに捉えよう」
Think positively. → **Look on the bright side.**

071　「君は芯が強いから」
You are a strong person. → **You're a tough cookie.**

072　「間違ってますね」
It was a misunderstanding. → **There was a mix-up.**

073　「あなたは私の親友です」
You are my best friend. → **You're my bestie.**

074「(社会問題に対して)関心を持っている」
You are socially-conscious and aware. → **You're woke.**

075「彼は高級志向です」
He has expensive taste. → **He's so boujee.**

Chapter 8　まとめ

Chapter 9　予定、スケジュール──間違いのないように

076「やりたいです」
I want to do that. → **I'm down for that.**

077「どこへ行くの？」
Where are you going? → **Where are you headed?**

078「どうでしょうか？」
Are you OK with that? → **How does that sound?**

079「何してますか？」
What are you doing? → **What are you up to?**

080「週末はゆっくりします」
I will relax this weekend. → **I'll just chill this weekend.**

081「ドラマを全部一気に見ました」
I watched all the episodes of the season.
→ **I binge-watched the whole season.**

082「ジムに行きます」
I'm going to the gym. → **I'll hit the gym.**

083「いつが都合がいいですか？」
When are you free to meet?
→ **What's your availability?**

084「予定は入っていません」
I am free. → **I'm wide open.**

Chapter 9　まとめ

Chapter 10 旅行先での会話 ——本当に必要な場面

085「何時に着きますか?」
What time will you arrive? → **What's your ETA?**

086「大通りに面しています」
It's on the main street. → **It's on the main drag.**

087「何がしたいですか?」
What do you want to...?
→ **What do you feel like...?**

088「もう一杯飲みますか?」
Do you want another drink?
→ **How about another round?**

089「大丈夫です(結構です)」
No, thank you. → **I'm good, thanks.**

090「私が払います」
I'll pay for you. → **It's my treat.**

091「少し酔ってます」
I'm a little drunk. → **I'm a little tipsy.**

092「酔ってます」
I'm drunk. → **I'm smashed.**

093「やりたいことリストに入っています」
I'd like to do that someday. → **It's on my bucket list.**

094「臨機応変でいきます」
I have no plan. → **I'm playing it by ear.**

Chapter 10 まとめ

あとがき ジェフリー・トランブリー(Jeffrey Trambley)

イラストレーション＝千野エー
本文デザイン＝中村道高(tetome)

Chapter 1
よく使う決まり文句
───これさえできればこわくない

001 承知しました

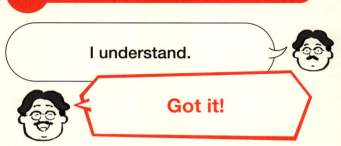

A: Can you finish the report by tomorrow?
B: Sure. Got it!
A: 明日までにこの報告書を仕上げてくれる？
B: もちろん。承知しました。

Normal

I understand.

Cool

Got it!

頼み事をされて、カジュアルに「わかりました」とひき受ける時に使う表現です。

Got it. I'll do it right away. というように**「わかりました。すぐやります」**とセットで使うこともあるので、まとめて覚えておきましょう。

すぐに使える例文集

A: Wash the dishes if you have time to watch TV.
B: Got it! I'll do it right away.
A: テレビを観る時間があるなら食器を洗ってくれない。
B: わかった、すぐやるよ。

「〜してもらえませんか？」に対する返答パターン
[ひき受けるときの表現]
▶ **Sure, will do.**
　はい、いいですよ。
▶ **Sure thing.**
　了解しました。
▶ **I'm on it.**
　了解、すぐやります。

[断るときの表現]
▶ **I'm afraid I'm not available right now.**
　申し訳ないのですが、今は手があいていないのです。
▶ **Sorry, but I'm occupied at the moment.**
　ごめんなさい、今、手が離せなくて。

002 理解できません

I don't understand.

I don't get it.

A: Do you understand what he is talking about?
B: No, I don't get it at all.
A: 彼が何について話しているかわかりますか？
B: いや、全然理解できない。

Normal

I don't understand.

Cool

I don't get it.

　I don't get it. の前に You're kidding. をつけて、「マジか、それは意味がわからない」ともよく言います。

getには「ものをつかむ」から派生して「理解する」という意味があります。**「わかった？」と聞く場合はGot it? と上がり調子で言います。「わからない」は、I don't get it. です。**

すぐに使える例文集

A: Why did he say he forgot his wallet even though he had it with him?
B: I don't get it either.
A: どうして彼はお財布を持っていたにもかかわらず、お財布を忘れたと言ったのだろうか？
B: 私も（あなたと同じく）わからないよ。

相手と同意見であることを示す時に、文末にeitherを入れます。

▶ **I don't get** why he's so angry.
彼がそれほどまでに怒っている理由がわからない。

▶ **I don't get** what you're trying to say.
あなたが何を言おうとしているか、わかりません。

003 了解しました

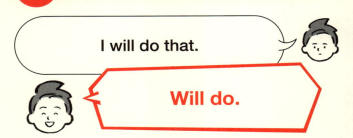

A: If you can finish the PowerPoint by tomorrow, that'd be great.
B: Will do.
A: 明日までにプレゼンを仕上げてくれると助かるんだけど。
B: 了解しました。

> Normal

I will do that.

> Cool

Will do.

　何かを依頼されて「了解しました、やっておきます」という時のカジュアルな表現です。001のGot it!も同じ使い方ができます。

I will do that. の主語も目的語も取り去り、簡略化した **Will do.** というカジュアルな表現です。会話やメール、メッセージアプリなどでよく使います。

> **すぐに使える例文集**

A: Make sure to water the plants while I'm away.
B: Will do.
A: 私がいない間、植物に水をあげてくださいね。
B: わかりました。

A: Let me know when you get home.
B: Will do.
A: 家に着いたら教えてね。
B: わかりました。

A: Meet me in front of Starbucks and we can go to the concert together.
B: Sure. Will do.
A: スタバの前で待ち合わせて、一緒にコンサートに行きましょう。
B: もちろん、了解です。

004 わからないな

I have no idea.

I don't have a clue.

A: Any idea where my phone is?
B: No, I don't have a clue.
A: 私のスマホどこだか知らない？
B: いや、僕にはわからないな。

Normal
I have no idea.

Cool
I don't have a clue.

　解決の糸口がない、さっぱりわからない、心当たりがない時に使う表現です。

clueという単語には、「手がかり」「糸口」「ヒント」という意味があります。「〜についてまったくわからない」という場合、I don't have a clue about X.のようにabout...と付け足します。例えば、I don't have a clue (about) what's going on.（何が起きているか検討もつかない）のように使います。

> **すぐに使える例文集**

A: Can I get from Tokyo to Kanazawa without taking express trains?
B: I don't have a clue.
A: 東京から金沢まで特急列車を使わずに行くことができるかな？
B: 僕にもわからないな。

▶ I don't have a clue what's for dinner tonight.
今日の夕飯なにかな、わからないなあ。

▶ I don't have a clue why the power went out.
どうして電源が落ちたのだろう、わからない。

▶ I'm clueless about what to do this weekend.
今週末何をするのがいいか、わからない。

005 どうしたのかな?

What's happening?

 What's up?

A: I saw a firetruck heading towards the mall.
B: I wonder what's up. Hope it's just a false alarm.
A: 消防車がモールのほうに向かってるのを見たよ。
B: どうしたのかな。ただの誤報だといいけど。

Normal

What's happening?

What's up?

「どうしたの?」「何があったのかな?」「何か起きているの?」と聞く場面で使います。

What's up? は「元気?」や「最近どう?」というカジュアルなあいさつで使われます。今回の例のように**「何が起きているの?」や「どうしたのかな?」**という意味もあります。

> **すぐに使える例文集**

A: Could I talk to you for a minute?
B: No problem. What's up?
A: 少し話をしてもいいですか?
B: 大丈夫ですよ。どうしたの?

A: I didn't get paid last month.
B: What's up with that? Talk to someone in accounting.
A: 先月、給料が支払われなかったんだよね。
B: 何があったの? 経理の担当と話しなよ。

▶ You're holding a large snake in both hands. What's up?
両手で大きな蛇を抱えているの、どうしたの?

▶ It's so noisy outside. What's up?
外が騒がしいね。何が起きているのかな?

006 大丈夫、がんばって

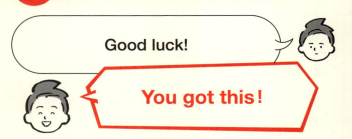

A: I'm taking my driver's license test next week.
B: You got this!
A: 来週、運転免許の試験なんだ。
B: 大丈夫、がんばって。

Normal

Good luck!

Cool

You got this!

「あなたならできる、大丈夫、がんばって」と背中を押してあげる表現です。

YOU GOT THISはスポーツ用品メーカー（アディダス）のキャッチコピーに使われていたので見かけた方も多いのではないでしょうか。このコピーには「大丈夫、いける」という日本語も添えられていました。You can do it.やGood luck.と言うような場面で、You got this.と言うと、**相手の挑戦を応援している気持ちを伝えることができます**。スポーツ選手が試合に挑む前に、ひとりごとのように、そして自分に言いきかせ前向きな気持ちになれるようにYou got this.とつぶやくことがよくあります。

すぐに使える例文集

A: My wedding's in a week and I still can't fit into my dress!
B: You got this! Just try fasting!
A: あと一週間で結婚式だけど、まだドレスが着られないの！
B: 大丈夫、あなたならできる。ファスティングしましょう！

▶ Before a big presentation I always tell myself "You got this."
大きなプレゼンの前には、いつも「大丈夫、やれる」と自分に言いきかせています。

007 よくやった!

A: What'd you think of my presentation?
B: It was awesome. You nailed it!
A: 私のプレゼンテーションはどうだった?
B: 素晴らしかったよ。完璧だった!

Normal
Good job!

Cool
You nailed it!

　「完璧だよ!」「素晴らしい、よくやった!」「大正解!」といったように、相手の努力を称賛する時に使う表現です。

動詞のnailは「釘で打ち付ける、釘を打つ」の意味ですが、You nailed it. で「**よくやった**」「**完璧だよ**」「**ばっちり**」という意味で用いられます。nailの代わりにcrush, ace, rockを使うこともできます。

> すぐに使える例文集

A: I am so nervous about meeting my girlfriend's parents.
B: Don't worry! I'm sure you'll crush it.
A: 彼女の両親に会うのってすごく緊張する。
B: 心配しないで。あなたならうまくやれるはず。

A: How did you do on the test?
B: I aced it!
A: テストどうだった？
B: うまくいったよ！

A: Your performance was amazing.
B: Thanks! I really felt like I rocked it.
A: 君の演技はすばらしかったよ。
B: ありがとう！ 本当に見事にやれたと思ったよ。

▶ I nailed the interview, but didn't get an offer.
面接はばっちりだったけど、仕事はもらえませんでした。

008 プレゼントありがとう

Thank you for the present.

 You really shouldn't have.

A: I got you a Starbucks gift card for your birthday. It should be in your inbox.
B: Thanks so much. You really shouldn't have.
A: 誕生日にスターバックスのギフトカードをプレゼントしました。メールで送っておきました。
B: お気遣いくださり、ありがとうございます。

Normal
Thank you for the present.

Cool
You really shouldn't have.

　プレゼントをもらったりして、「お気遣いありがとう」という感謝の気持ちを表す時に使います。

You really shouldn't haveを直訳すると「あなたは本当に〜すべきではなかった」となりますが、実は**「ありがとう」を伝える表現**です。文法的に正しくは、haveの後ろに動詞の過去分詞形がきますが、この表現では、haveで文を終えます。「そんなことしてくれなくてもよかったのに」というところから**「気を遣ってくれて、ありがとう」**の感謝を表す意味になります。

　会話例に出てきた、It should be in your inbox.も覚えておきたい表現です。「受信箱に入っているはずです」が直訳ですが、「メールしたからね」という意味で使います。

すぐに使える例文集

A: I just paid for your lunch. Happy Birthday!
B: Oh, you really shouldn't have, but thanks.
A: ランチの支払いは済ませておいたよ。誕生日おめでとう！
B: あら、そこまでしてくれなくても。でも、ありがとう。

▶ I can't believe you got me an Apple Watch! You really shouldn't have.
アップルウォッチをくれて、おどろいたよ。そこまでしてもらわなくてもよかったのに。

009 驚かないでね

Prepare yourself for a surprise.

 Brace yourself.

A: Did you get the job?
B: Brace yourself. I got it!
A: 応募した仕事は受かりましたか？
B: 驚かないでね。受かったよ！

Normal

Prepare yourself for a surprise.

Cool

Brace yourself.

「これから話すことを聞くと、あなたは驚くよ」と言いたい時に使います。「それじゃあ、言うからね」とか「驚かないでね」や「びっくりしないでね」というような意味になります。

brace oneselfは「(困難などに) 備える、(〜の) 覚悟をする」という意味で用いられます。例えば、I am bracing for the worst.(最悪の事態に備えている) のような使い方があります。

会話では、**Brace yourselfで重大なことを伝える時の前置きとして、**「驚かないでね」という意味で使われます。

> **すぐに使える例文集**

A: I have something important to tell you. Brace yourself.
B: Just spit it out.
A: ちょっと大事な話があるんだけれど、驚かないでね。
B: はっきり言ってよ。

▶ **Brace yourself.** I got bad news.
驚かないでね、悪い知らせがあるんだ。

悪い知らせだけではなく、相手がびっくりすると思うようなことを言う前にも使います。

▶ **Brace yourself!** You probably had no idea, but before we met, I was a spy.
驚かないでね。まったくわからなかったと思うけど、私たちが出会う前、私はスパイだったんだ。

Chapter 1 ➡ まとめ

（　　　）内に適切な単語をいれてみましょう。

「承知しました」（　　　）it!

「理解できません」 I don't（　　　）it.

「了解しました」（　　　）do.

「わからないな」 I don't have a（　　　）.

「どうしたのかな？」 What's（　　　）?

「大丈夫、がんばって」 You（　　　）this!

「よくやった！」 You（　　　）it!

「プレゼントありがとう」
You really shouldn't（　　　）.

「驚かないでね」（　　　）yourself.

【答】Got, get, Will, clue, up, got, nailed, have, Brace

Chapter 2
「好き」「嫌い」の伝え方
――誤解のないように

010 これは私が好きな曲です

It's my favorite song.

 It's my jam.

A: I love this song.
B: Same here. It's my jam.
A: あ、この曲好なんです。
B: 私も。好きな曲です。

Normal

It's my favorite song.

Cool

It's my jam.

　自分の好きな曲を聞いた時に、「この曲好きです」という場面で使います。他にも、This is my thing.（これは私の好きなものです）という表現もあります。

jamは俗語で「スピーカーから流れてくる音楽・曲」という意味がありました。そこから転じて「好きな曲」という意味が派生し、今ではさらに広くなり、**A is my jam.で「Aは私の好きなものです」**として使われます。

> すぐに使える例文集

▶ Traveling is my jam. I love experiencing new cultures and seeing new places.
旅行が好きです。新しい文化を体験したり、新しい場所を見たりするのが大好きなんです。

▶ I used to love Oreos, but Tim Tams are my jam these days.
昔はオレオが好きだったけど、今じゃティムタム（チョコレートビスケット）が一番だよ。

▶ *Star Wars* is my jam. I love the characters, the spaceships, and the lightsaber fights.
「スター・ウォーズ」が大好きです。キャラクターも、宇宙船も、ライトセーバーの戦いも大好きです。

011 つまらなくなっちゃった

> I'm not interested in it.

> **I'm so over it.**

A: I used to do yoga.
B: Me too. But I'm so over it now.
A: 前はヨガをやってたんだよね。
B: 私も。でも、もうやらなくなっちゃった。

Normal

I'm not interested in it.

Cool

I'm so over it.

　今では興味を失っていることを、明確に伝えたい時に使う表現です。「つまらなくなってやめちゃった」とか、「何度も聞かされてうんざり」というような時にぴったりな表現です。

overには「〜を超えて」や「終わる」という意味があります。I'm so over it.は「私はそれを超えて、終わっている」から「**それに対して、もう興味を失ってしまった**」になりました。「今までは〜をよくやっていたけれど、今は（興味がなくなって）やっていない」はI used to ＋動詞の原形, but now I'm so over it.と言います。

> すぐに使える例文集

A: Did you see Michelle's post on her Instagram? She's taking a break from social media.
B: **I'm so over that.** No one cares.
A: ミシェルのインスタの投稿見た？　SNSを休止するみたいだけど。
B: あんまり興味ないし、誰も気にしないよ。

▶ I used to go to the gym, but now **I'm so over it**.
よくジムに行ってたけど、今は行ってない。

▶ He keeps bragging about how many girlfriends he had when he was younger. **I'm so over it!**
いつも彼は若い時にどれだけたくさんガールフレンドがいたかという自慢ばかりしている。聞き飽きたよ。

012 彼はあなたに興味がありません

He doesn't like you.

 He's just not into you.

A: Jason hasn't been responding to my emails lately.
B: I guess he's just not into you.
A: ジェイソンは最近メールの返事をしてくれないの。
B: 彼はあなたに興味がないんだと思うよ。

Normal

He doesn't like you.

Cool

He's just not into you.

「全く興味がない、好きではない」ということを言いたい時に使います。

I'm so into you. の表現は、アメリカの歌手アリアナ・グランデの"Into You"という曲で用いられ、広がりました。そこでは、「あなたのことが、とにかく気になってしょうがない」という文脈で使われています。

　2009年に公開された映画 He's Just Not That Into You. のthatは「そんなに〜」「そこまで〜」という意味の副詞で、「彼はそんなにあなたのことを好きではない」となります。今では、be into... という表現は、**何かに熱中していたり、のめり込んでいたり、興味を持っていることを表す**意味へと拡張しています。

すぐに使える例文集

▶ **I'm just not into fashion trends. I prefer wearing what feels comfortable.**
はやりのファッションには興味がないんです。なので私は、着心地のよい服のほうが好みです。

▶ **My kids are really into playing video games. They spend hours playing them every day.**
うちの子どもたち、ゲームにはまっているんです。いつも何時間もゲームばかりしています。

▶ **I'm really into pizza. I could eat it every day.**
ピザが大好きです。ピザなら毎日でも食べられます。

013 うんざりです

I'm annoyed with...

 I've had it with...

A: You look exhausted today. Your neighbor kept you up again?
B: Yeah. I've had it with him. I'm calling my landlord about it.
A: 今日は本当に疲れているようだね。昨晩もお隣さんに起こされたの？
B: ああ、もう隣人にはうんざりだよ。大家さんに電話するんだ。

Normal

I'm annoyed with...

Cool

I've had it with...

イライラする、もう我慢の限界！ という時に使います。

I've had it. で「うんざりです」の意味を表します。have had という現在完了形のもつ「長いこと続けてきた、それが嫌になった」のイメージを押さえて、このまま定型表現として覚えましょう。

I've had it with A. のように with A を文末に付けて「Aに対してうんざりしている」の意味で使います。I've had it with him. は「彼には、もううんざり」という意味になります。類似表現に I'm (so) sick of... があります。

すぐに使える例文集

▶ **I've had it with** this traffic jam. I've been stuck here for an hour.
この交通渋滞にはうんざりだよ。もう1時間もここから動いていない。

▶ **I've had it with** my husband taking photos with that teddy bear.
私の夫がテディベアとばかり写真を撮ることにうんざりしています。

▶ **I'm so sick of** the rainy season.
雨の季節には、もううんざりだ。

014 なんとなくピンとこないです

I don't like the atmosphere.

 **It's really not my vibe.**

A: How about this hotel?
B: Hmmm. It's really not my vibe.
A: このホテルはどうですか？
B: うーん。なんとなくピンとこないんだよね。

(Normal)

I don't like the atmosphere.

Cool

It's really not my vibe.

　雰囲気が自分の好みに合わないと思った時に、「なんかピンとこない。自分の思っている雰囲気に合わないなあ」という感じで使います。

vibeはvibrationが短くなった語で「**感じ、雰囲気、様子**」を意味します。お化け屋敷に入った瞬間、嫌な予感がします。そんな時、I'm getting a bad vibe here.（なんか嫌な予感）と言います。This hotel fits my vibe.（このホテル私の雰囲気にぴったり）と、自分が気に入った場所についても言うことができます。

すぐに使える例文集

▶ I was invited to a party tonight, but it's really not my vibe. I prefer staying in and relaxing.
今夜パーティに誘われたんだけど、あまりその雰囲気が好きじゃないんですよね。家にいてゆっくりしていた方がいいんです。

▶ I tried the new restaurant downtown, but it's really not my vibe. It was too loud and crowded.
繁華街にできた新しいレストランに行ってきたのですが、なんか違う感じでさ。人が多くてうるさかったんだよね。

▶ You were really vibing with that guy last night. Did you exchange contact info?
昨晩、あの男子とすごく気が合ってたよね！　連絡先を交換した？

015 それは好きじゃないな

I don't like that.

I don't care for that.

A: Let's order some sashimi.
B: Actually, I don't care for that.
A: さしみを頼もう。
B: 実は、あまり好きじゃないんだ。

Normal

I don't like that.

Cool

I don't care for that.

　食事などに誘われて、苦手なものがある時、「それは好きではありません」ということをやんわりと言う表現がI don't care for that.です。

careは動詞で「気にする、関心がある、心配がある」という意味で、I don't care.で「気にしない」になります。**care for〜で「〜を好きである」「〜を大切に思っている」**になり、I don't care for...で「〜を好きではない」「気に入らない」となるのです。I don't really care for...とすると、「それほど好きではない」で、「嫌い」という意味を弱めることができます。

すぐに使える例文集

A: We can try the new seafood restaurant.
B: Actually, I don't really care for seafood.
A: 新しいシーフードレストランに行ってみよう。
B: 実は、シーフードは好きじゃないんだ。

A: Do you want to watch a horror movie tonight?
B: Actually, I don't care for them.
A: 今夜、ホラー映画を観ない？
B: 実は、ホラー映画は、好きじゃないんだ。

A: Let's go to the amusement park.
B: Oh, gosh. To be honest, I don't care for crowded places like that.
A: 遊園地に行こうよ。
B: マジか。正直なところ人がいっぱいいるような所は、好きじゃないんだ。

016 それは得意ではないです

I'm not good at that.

 That's not in my wheelhouse.

A: I'm really struggling with this Excel file. Can you help?
B: That's not in my wheelhouse, to be honest.
A: Excelファイルで本当に困っている。助けてくれる？
B: 正直なところ、エクセル、得意じゃないんだよね。

Normal

I'm not good at that.

That's not in my wheelhouse.

自分に自信がないと思っている時に使います。

A is in my wheelhouseは「Aは私の得意分野」という慣用表現です。wheelhouseは船の操舵室ですが、どうしてこのような意味になったかよくわかっていません。野球用語では、ストライクゾーンのうち打者が最もバットに当てやすい所をwheelhouseと呼ぶようです。打者の得意な場所というイメージから広がったのかもしれません。

> すぐに使える例文集

A: Are you able to manage the social media accounts?
B: That's not really in my wheelhouse, but I'm willing to learn.
A: ソーシャルメディアのアカウント管理ができますか？
B: あまり得意じゃないですが、学んでみます。

A: Could you present the quarterly results at the meeting?
B: Public speaking isn't in my wheelhouse. Can you ask someone else?
A: 会議で四半期の結果を発表してもらえますか？
B: 公けの場で話すのは得意ではないので、誰か他の人にお願いしてもらってもいいですか？

Chapter 2 → ま と め

（　　　）内に適切な単語をいれてみましょう。

「これは私が好きな曲です」 It's my (　　　).

「つまらなくなっちゃった」 I'm so (　　　) it.

「彼はあなたに興味がありません」
He's just not (　　　) you.

「うんざりです」 I've (　　　) it.

「なんとなくピンとこないです」
It's really not my (　　　).

「それは好きじゃないな」
I don't (　　　) for that.

「それは得意ではないです」
That's not in my (　　　).

【答】jam, over, into, had, vibe, care, wheelhouse

Chapter 3
自分の印象や感想を伝える
―― ポジティブな感情

017 ヤバい!

> That's very delicious.

 That's insane!

A: Try some of this chocolate cake.
B: Wow. That's insane!
A: このチョコレートケーキを食べてみて。
B: わあ、ヤバすぎる。

Normal
That's very delicious.

Cool

That's insane!

　素晴らしいものを見たり、食べたりした時に「ヤバい!」「すごくいい!」というイメージで使います。

日本語の「ヤバい！」はネガティブな場面でも、ポジティブな場面でも使いますね。英語のinsaneも同じです。ネガティブの場合は「正気ではない」「常軌を逸した」という意味を持ち、普段はあまり口にすることができない表現です。ですが、**期待以上に美味しいものを食べたり、絶景を目にしたりした時にThat's insane.やIt's insane.と言います**。it was insaneの代わりにit was just amazingなども使うことができます。

すぐに使える例文集

▶ **For my birthday, my friends took me to a 3-star Michelin sushi restaurant. It was insane!**
誕生日にミシュラン三つ星のお寿司屋さんにつれて行ってもらったの。とにかくすごかった。

以下の例では「驚き」や「称賛」の意味で用います。

▶ **You got promoted to manager already? That's insane!**
もう、マネージャーに昇進したの。ヤバいね！

▶ **You finished the marathon in under three hours? That's insane!**
３時間以内でマラソンを走りきったの？　そりゃヤバい！

018 すごかった

> I was so excited.

> **I was freaking out.**

A: I heard you saw Johnny Depp the other day.
B: Yeah, he was at Starbucks. I was freaking out.
A: このあいだジョニー・デップを見たって聞いたけど。
B: ああ、スターバックスにいたよ。マジでビビッたよ。

Normal

I was so excited.

Cool

I was freaking out.

　一瞬の出来事に驚き、頭がパニックになった場面で使います。ジョニー・デップが目の前にいたら、そりゃ驚きますよね。

freak outは「面食らう」「びっくりする」という意味です。I'm freaking out.と現在進行形で、**パニックになっている、驚いている、興奮している**ことを表します。頭が真っ白で、どうしていいかわからないほど緊張する、ドキドキが止まらない、そんな様子が伝わる表現です。

> すぐに使える例文集

▶ **The final exam is tomorrow, and I haven't studied enough. I'm freaking out.**
期末試験が明日なんだけど、十分に勉強ができていない。ヤバい、どうしていいかわからない。

▶ **When Taylor Swift appeared on stage, I freaked out!**
テイラー・スウィフトがステージに現れたとたん、最高に盛り上がったよ。

▶ **I asked her to marry me yesterday. I was totally freaking out, but I managed it.**
昨日、彼女に結婚を申し込んだんだ。最高にドキドキしたよ。でもなんとかできた。

019 すごく楽しかった

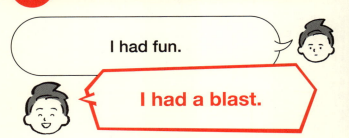

A: How was your weekend?
B: I had a blast. Tokyo Disney Resort was amazing.
A: 週末はどうでしたか？
B: すごく楽しかったよ。東京ディズニーリゾートは素晴らしかった。

Normal
I had fun.

Cool
I had a blast.

「楽しい時間を過ごした」と言う時にぴったりの表現です。特に盛り上がったことを伝えます。

blastは「爆発」「爆風」という意味がありますが、アメリカ英語では「賑やかなパーティ」の意味があります。今日ではIt was a blast.やI had a blast.で、「楽しい時間を過ごした」という意味で使います。**爆発したかのような盛り上がった様子**を思い浮かべてください。

すぐに使える例文集

▶ You should come to the party tonight. It's going to be a blast!
今夜のパーティ絶対おいでよ。盛り上がるはずだから！

▶ Our trip to Hawaii is going to be a blast! I can't wait to go surfing and hiking.
ハワイ旅行は最高に楽しいものになりそうだ！ サーフィンやハイキングに行くのが待ちきれないよ。

▶ My usually serious boss surprised everyone at the wedding reception when he did a K-pop dance. It was a blast.
結婚式の余興で、普段は厳しい上司が流行のK-popダンスをして、みんなを驚かせたんだよね。それはとても楽しかったよ。

020 泣けました

I was moved to tears.

 **I got kinda choked up.**

A: Did you cry at the end of the movie?
B: Yeah, I got kinda choked up.
A: 映画の最後で泣きましたか？
B: ああ、ちょっと胸が詰まったよ。

Normal

I was moved to tears.

Cool

I got kinda choked up.

　感動のあまり、胸が詰まり声が出ない、そして泣けてくるような「胸アツ」状態を言います。

get choked upで「窒息する」という意味ですが、比喩的に「胸がいっぱいになり、言葉に詰まり、涙が出るくらい感動した」という意味でも使います。withやaboutを伴い、I was choked up with anger.で「私は怒りのあまり言葉が出なかった」、I was choked up with sorrow.で「悲しみで胸が締め付けられる想いだ」の意味になります。

I got kinda choked up.の**kinda**はkind ofとすることもできますが、「〜の種類」ではなく、**「〜のような」「なんとなく」「ちょっと」という意味**で用います。

すぐに使える例文集

A: How was the wedding ceremony?
B: Beautiful. I got kinda choked up when the bride's father gave his speech.

A: 結婚式はどうでしたか？
B: すばらしかったです。新婦のお父さんがスピーチしたときは、感動しました。

A: Did you like the song I recommended?
B: Yeah, I got kinda choked up listening to the lyrics.

A: 私が薦めた曲は気に入りましたか？
B: うん、歌詞を聴いて、ちょっと胸が詰まる思いでした。

021 おもしろかった

That was funny.

 That was hilarious.

A: How was the movie?
B: That was hilarious. I laughed so much.
A: 映画はどうでしたか？
B: めちゃくちゃウケた。笑いまくりでした。

Normal

That was funny.

Cool

That was hilarious.

　笑いのツボにはまってしまった。面白すぎた。「めっちゃウケる」という時に使います。

hilariousは「抱腹絶倒の面白さ」を表す語です。He's hilarious.は、明るく陽気で、人々を笑顔にさせてくれるような性格を表します。他にも「面白い、ウケる」という表現があります。

「叙事詩」という名詞を使った、That's epic! も同じ意味になります。

さらに、incredibleは「信じられない」という形容詞ですが、That's incredible!で「すごい！」となります。This soup is incredible! のように、主語に料理を持ってくると「驚くほど美味しい」という意味です。

すぐに使える例文集

A: Have you seen the new sitcom on Netflix?
B: Yes, it's hilarious. You should definitely watch it.

A: ネットフリックスの新しいシットコム（コメディ・ドラマ）は見た？
B: うん、笑いが止まらないよ。絶対観るべきだよ。

▶ I saw a Mr. Bean movie the other day. That was epic.
先日、ミスター・ビーンの映画を観たんだ。面白すぎたよ。

022 なつかしいです

"That's very nostalgic."

 That reminds me of...

A: I haven't heard this song in forever.
B: Me neither. That reminds me of high school.
A: ずいぶんこの曲は聴いてなかったよ。
B: 僕もだよ。高校時代を思い出すよ。

Normal

That's very nostalgic.

Cool

That reminds me of...

　昔聴いた曲が流れてきて、「なつかしい、昔を思い出す」と言いたい時に使う表現です。

That reminds me of...は何かをきっかけとして、過去の記憶や思い出がよみがえってきた時に使います。That reminds me of my hometown.は「ふるさとのことを思い出したよ」という意味です。

においを嗅いだり、見たりするなどして、**五感が刺激されると何かをなつかしく思い出すこと**がありますね。

すぐに使える例文集

▶ I smelled freshly baked cookies when I walked by the bakery. That reminds me of my grandma's house.
パン屋の前を通ると、焼きたてのクッキーの香りがした。おばあちゃんの家を思い出すよ。

▶ "Orpheus in the Underworld" reminds me of my elementary school sports day.
「天国と地獄」の曲を聴くと小学校の運動会を思い出すよ。

▶ It's been ages since I visited my high school. That reminded me of my teenage years.
高校をしばらくぶりに訪れてみたんだ。10代のころがなつかしかったよ。

023 彼女はすごかった

She did very well.

 She slayed it.

A: I heard the Renaissance Tour was amazing.
B: Yeah, Beyoncé slayed it.
A: ルネッサンス・ツアーはすごかったって聞いたけど。
B: うん、ビヨンセはどのパフォーマンスも素晴らしかったよ。

Normal

She did very well.

Cool

She slayed it.

うまくいった、かっこよくキマッた時のひとこと。

slayという動詞は「〜を殺す」の意味ですが、他に「〜をひどく楽しませる、悩殺する」という意味もあります。Her performance slayed me.で、「彼女のパフォーマンス、すごかった」のように使います。**「死ぬほどすごい」というイメージ**で、日本語で「死ぬほど」と比喩的に使うのと同じです。

　主語＋slayed itは、「〜はすごかった（見事だったよ）！」という便利な表現です。

すぐに使える例文集

▶ **The band's performance last night was out of this world. They slayed it!**
昨夜のバンドのパフォーマンスは、この世のものとは思えないものだった。彼らはすごかった！

▶ **Did you catch Emily's presentation? She totally slayed it!**
エミリーのプレゼン見た？　彼女、ばっちりだった！

大げさにほめることで、とても仲が良い相手をからかうような時にも使えます。

▶ **Look at your painting! You totally slayed it, Picasso!**
君の描いた絵見てよ！　マジすごいじゃん、ピカソだよ！

024 超かわいい

> It's nice.

 **It's super cute.**

A: What do you think of this hat?
B: Oh my gosh. It's super cute. Get it!
A: この帽子、どう思う？
B: あら。超かわいいよ。買って！

Normal
It's nice.

Cool
It's super cute.

「超かわいい〜」という場面でぴったりな表現です。

veryのかわりにsuperを使った表現です。Your bag is super cute!で「あなたのバッグ、超かわいい！」となります。ネイティブの会話には、頻繁に**super**や**ultra**が出てきます。

> すぐに使える例文集

A: Can you believe this is my grandma's jacket from 50 years ago. What do you think?
B: Wow! It's super cute.
A: 50年前に祖母が着ていたジャケットなんだけど、にあうかな？
B: すごくかわいい！

▶ Her story was super funny—I couldn't stop laughing.
彼のジョークって、超面白い。笑いがとまらない。

▶ The roller coaster was super exciting.
ジェットコースターは、超ドキドキした。

▶ Her outfit was ultra fashionable, turning heads everywhere she went.
彼女の服装は超ファッショナブルで、行く先々で注目を集めた。

025 似合ってますよ

It really suits you.

It's so you.

A: Does this dress look OK on me?
B: Yeah, it's so you.
A: このドレス、私に似合う？
B: ええ、あなたらしいわ。

Normal

It really suits you.

Cool

It's so you.

　ファッションが似合っている、センスがいいね、と言う時に使います。

It's so you.は「ファッションがあなたにぴったり」「似合っています」という意味で使います。soが話し言葉で使われる時、「**ある人の行動や言動がその人らしい**」「**あるものがその人の好みや雰囲気に合っている**」の意味があります。〈That's so 人〉ある行為について、「とっても～らしいよ」という言い方もできます。

すぐに使える例文集

A: He ate three slices of cake at the party.
B: That's so John.
A: 彼はパーティでケーキを３切れ食べたよ。
B: それはジョンらしいね。

A: He wore mismatched socks to the formal event.
B: That's so Alex.
A: 彼はフォーマルなイベントに不揃いの靴下を履いていったよ。
B: アレックスらしいね。

▶ Wow, your ring is super beautiful. It's so you!
わー、君の指輪、超きれい。すごく似合ってるよ。

026 それはすばらしいです

I'm so happy for you.

 I love that for you.

A: I met the man of my dreams, and we're already engaged.
B: Congratulations! I love that for you.
A: 運命の人に出会ったの。そしてすでに婚約したんです。
B: おめでとう。本当によかったね。

> Normal

I'm so happy for you.

> *Cool*

I love that for you.

友人や知人が適切な選択をし、それを祝福したり賛成したりする時に使います。

I love that for you. は友人や知人が重大な選択や、決断をした際に、その選択や決断を肯定的に捉え、称賛する思いを伝える表現です。例えば、友人が転職をしたという話を聞いた時に、**この表現を使うと「とても良い選択ですね」という意味を伝えます。**

> すぐに使える例文集

A: I'm thinking of singing Kimura Kaera's "Butterfly" at my sister's wedding reception.
B: I love that for you.
A: 姉の結婚式で、木村カエラの「Butterfly」を歌おうと思うんだけど、どう思う？
B: ぴったりだと思います。

▶ I heard you're taking a year off to travel. I love that for you!
　1年休んで旅に出るんですね！　それはすばらしい！

▶ You signed up for that pottery class? I love that for you.
　陶芸教室に通うのですか？　それはすばらしい。

027 いい雰囲気が出てる

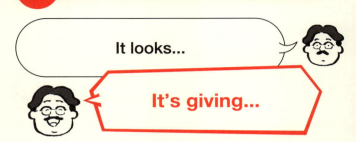

A: Love the outfit today. It's giving party.
B: Thanks. I just was in the mood for something over-the-top today.
A: 今日のファッションいいですね。パーティのような雰囲気が出てますね。
B: ありがとう。今日はぱーっと盛り上がりたい気分だったんだ。

Normal

It looks...

Cool

It's giving...

　相手のファッションや雰囲気をほめる時や、SNSで投稿された写真がいい感じだと思った時に使います。

例えば、SNSで友人が卒業式の日に卒業証書を持っている写真を投稿したら、It's giving graduation!（すごい、いい感じの卒業式だね！）とコメントして、ほめることができます。It's giving.だけでも、**人のファッション、様子、雰囲気についてのほめ言葉**になります。

> すぐに使える例文集

▶ **That dress is giving. Where did you get it?**
あなたのドレスすごくいい感じだよね。どこで買ったの？

他にgiving me lifeという類似する表現もあります。
▶ **Your outfit today is giving me life! Is it vintage?**
今日のあなたの服すごくいいよ！ ビンテージもの？

料理をほめる時にも使えます。
▶ **This curry is really giving authentic vibes. You're such a great cook.**
このカレー、すごくおいしいよ。腕利きの料理人だね。

Chapter 3 ➡ まとめ

（　　）内に適切な単語をいれてみましょう。

「ヤバい！」 That's (　　)！

「すごかった」 I was (　　) out.

「すごく楽しかった」 I had a (　　).

「泣けました」 I got kinda (　　) up.

「おもしろかった」 That was (　　).

「なつかしいです」 That (　　) me of...

「彼女はすごく上手かった」 She (　　) it.

「超かわいい」 It's (　　) cute.

「似合ってますよ」 It's (　　) you.

「それはすばらしいです」
I (　　) that for you.

「いい雰囲気が出てる」 It's (　　)...

【答】insane, freaking, blast, chocked, hilarious（epic）, reminds, slayed, super, so, love, giving

Chapter 4
自分の印象や感想を伝える
―― ネガティブな感情

028 美味しくないです

It didn't taste good.

 It was gross.

A: How was the food at that new restaurant?
B: Terrible! I had the steak and it was gross.
A: 新しいレストランの料理はどうだった？
B: ひどかった。ステーキを食べたけど、まずかった。

Normal

It didn't taste good.

It was gross.

　とんでもなくまずい料理を食べた時や、不快なものを見た時に使います。It tastes gross. とも言います。

ビジネスシーンで、grossは「総計の」「全体の」という意味で使われます。gross salesは「総売上高」、GDPはGross Domestic Productで「国内総生産」です。「巨大な」「かさばった」という古来の意味がベースとなり、「巨大な」から「全体の」と「太った」という意味が派生し、後に「粗い」から「下品な」へ転じました。その後、1950年代のアメリカで「とんでもない」「ひどい」というスラングとして用いられました。**grossは今では「気持ち悪い」「不快な」「とんでもなくまずい」という意味を表す口語表現**です。

すぐに使える例文集

▶ **He chews with his mouth open. It's absolutely gross.**
彼は口をあけながらくちゃくちゃ噛んでいるの。とても不快です。

▶ **I stayed at this really gross hotel—smelled terrible and was filthy!**
私はこのとんでもなくひどいホテルに泊まった。とにかく臭くて不潔だった。

▶ **He took off his shoes. The smell was just gross.**
彼が靴を脱いだら、そのニオイはとんでもなくひどかった。

029 サイテー

It was very bad.

It totally sucked.

A: What did you think of the movie?
B: It totally sucked. I hated everything about it.
A: 映画の感想は？
B: サイテーだったよ。何もかも嫌だった。

Normal

It was very bad.

Cool

It totally sucked.

　ネガティブな感情を込めて「サイテー」「最悪」「ありえない」と言いたい時に使います。

suckには「吸う」の意味があり、さらに卑猥な意味もあります。ですが、「最悪、最低」という意味で、**日常でも映画でもよく耳にする表現**でもあります。

> すぐに使える例文集

▶ The weather sucked all weekend.
週末ずっと最悪な天気でした。

▶ My boyfriend totally sucks—he never responds to my texts.
私の彼は本当にありえないんだけど。私の送ったメッセージに何の反応もしてくれないの。

▶ Having to work on the weekend totally sucks.
週末に働かなければならないのはマジ最悪だ。

▶ The quality of their clothes really sucks—nothing lasts.
あの服の質はひどくて、すぐにダメになる。

▶ Being stuck in traffic sucks.
渋滞にはまるのは最悪だ。

▶ This computer sucks. It's so slow.
このコンピュータはありえない。すごく遅い。

030 混んでました

It was crowded.

 It was packed.

A: I never want to take the rush hour train again. It was packed.
B: Yeah, you'd better leave earlier tomorrow.
A: ラッシュアワーの電車には二度と乗りたくない。満員だったし。
B: ああ、明日はもっと早く出たら。

Normal

It was crowded.

It was packed.

　混雑している、大勢の人でごった返しているような場面で使います。

大勢の人でごった返していて「ここは人でいっぱいだ」という場面では、This place is crowded. と言いますが、packedを使うこともできます。packedは、「詰め込まれている」という状態を表していますので、**場所や乗り物に人がたくさんいる、すし詰めの状態**だと想像できますね。

すぐに使える例文集

- **His final concert was completely packed with fans.**
  彼の最後のコンサートは、本当に多くのファンで埋め尽くされた。

- **The restaurant was packed, so we just got something for take-out.**
  レストランがいっぱいだったので、私たちは持ち帰りにしました。

- **My schedule is really packed today.**
  今日のスケジュールは、ほんとうにつまっています。

- **Wow, this place is really packed. I need to find another café to work in.**
  わぁ、この場所は人がたくさんだ。仕事のできそうな別のカフェを探そう。

031 彼は嫌な感じです

He is strange.

He gives me bad vibes.

A: Are you gonna see Tom again?
B: No way. He gives me bad vibes.
A: またトムと会うの？
B: まさか。感じ悪い奴なんだ。

Normal

He is strange.

Cool

He gives me bad vibes.

　人や、状況、雰囲気から受ける嫌な印象、感じを表します。

vibeは、vibrationが縮まってできた口語表現でしたね。人や場所、状況からうける「感じ」や「印象」を表す語で、**good vibesであれば「いい感じ」**、**bad vibesであれば「嫌な感じ」**という意味で用いられます。

「彼から嫌な感じを受けた」と言いたい時は、I got bad vibes from him. もしくはHe gave me bad vibes. という言い方をします。

> すぐに使える例文集

▶ There were bad vibes between them at the meeting.
会議で、皆の間に悪い雰囲気があった。

▶ That old house gives me bad vibes. I'm sure it's haunted.
あの古い家は悪い雰囲気を感じさせる。なんかとりついてるんじゃないのかな。

▶ The party had some bad vibes, so I left early.
パーティが悪い雰囲気だったので、早めに帰った。

▶ The person who interviewed me gave me bad vibes.
私の面接官は、嫌な感じでした。

032 怒ってます

I got really angry.

 I totally lost it.

A: Why did you leave the party so early?
B: Tom started insulting my work, and I totally lost it.
A: どうしてパーティをそんなに早く帰ったの？
B: トムが僕の仕事をばかにしたから、頭にきたんだよ。

Normal

I got really angry.

Cool

I totally lost it.

　感情のコントロールを失うほど怒っている様子を表したい時に、使います。

lostは「失う」を意味する動詞のloseの過去形です。後ろにitを続け、lost itで「**我を忘れるほど怒る**」「**ぶち切れてしまう**」という意味になります。
　このほかにも「**我を忘れて楽しむ、無我夢中になる**」という意味もあります。

> **すぐに使える例文集**

▶ I was secretly drinking my dad's 50-year old whiskey. When he found out, he totally lost it.
お父さんの50年物のウイスキー、黙って飲んでいたんだ。そしたら思いっきり怒られた。

▶ When his favorite song came on the radio, he totally lost it and danced like crazy.
バンドが彼のお気に入りの曲を演奏した時、彼は完全に我を忘れて一心不乱に踊った。

A: How was seeing Beyoncé for the first time?
B: I totally lost it. It was a dream come true.
A: ビヨンセを初めて生で見てどうでしたか？
B: 我を忘れるぐらいすごかった。夢のようだった。

033 失礼な

That is rude.

 That's kinda shady.

A: My best friend thought you were really fake.
B: What? That's kinda shady.
A: 私の親友は、あなたのことをウソつきだと思ってた。
B: 何それ？ それは失礼ですね。

Normal

That is rude.

Cool

That's kinda shady.

「それって、失礼な言い方ですね」と少しキレ気味で言う感じです。

That's kinda shady.は、**不誠実な人**に対して「失礼ですね」と言ったり、疑わしい行動に対して「ちょっと怪しいね」と言う時に使います。「影」を意味するshadowが縮まったもので「なんとなく影がある」、つまり**「胡散臭い」「信用できない」**というイメージです。

> すぐに使える例文集

▶ **She asked me how my diet was going, but I'm not trying to lose weight—so shady!**
彼女はダイエットはどう、と聞いてきた。でも、私はダイエットなんてしてないのに。本当に失礼ですよね。

▶ **Jan warned me about how shady she is—she's always talking behind people's backs.**
彼女は信用できない奴だと、ジャンは私に警告してくれました。いつも人の陰口をばかり言っているのだと。

▶ **He said he could get the tickets for half the price, but we have to pay him cash in advance. It seems kinda shady.**
彼がチケットを半額で手に入れられるって言ってたけど、現金で前払いしなきゃいけないんだ。それってちょっと怪しいよね。

034 驚きました

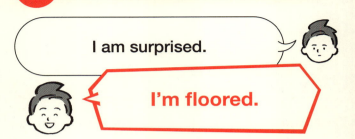

I am surprised.

I'm floored.

A: What did you think of the last episode?
B: I'm floored. The ending was such a shock!
A: 最終回はどうでしたか？
B: 驚いたね。エンディングは衝撃的でした！

Normal
I am surprised.

Cool
I'm floored.

「かなり驚いて、びっくりしたよ」と言う時に、ぴったりな表現です。

floorは「床」という名詞ですが、ここでは動詞として**「〜をびっくりさせる、度肝を抜く」**という意味で用いられています。「床」から「驚かせる」という意味に変化した理由ははっきりしません。ひょっとしたら、驚いて床にしりもちをついたことからきているのかもしれません。

すぐに使える例文集

▶ **I was floored** when I saw the breathtaking view from the summit.
山頂からの息をのむような景色を見た時、本当に驚きました。

▶ He used to go out drinking with his colleagues every night, but since getting married, he started cooking dinner every day. **I'm floored.**
彼は毎晩同僚と飲み歩いていたのに、結婚してから晩御飯を作るようになったんだ。それには驚いたよ。

▶ The news of her promotion **really floored** everyone in the office.
彼女の昇進のニュースは、オフィスのみんなを本当に驚かせた。

035 おかしいよ

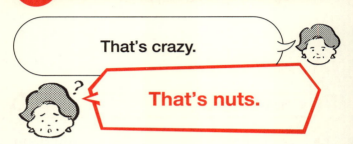

A: The stock market hit another record today.
B: That's nuts.
A: 株式市場は今日も史上最高値を更新したよ。
B: そんな、おかしすぎる。

Normal
That's crazy.

Cool
That's nuts.

「正気を失ってる」「おかしすぎる」というように、通常ではありえないと思った時に使います。

nutは「ナッツ（木の実）」のことですが、今では**nutsで「バカな」「おかしくなった」「くだらない」**の意味で用いられます。「今月のボーナスは諸事情によって支払えません」と言われた時に「そんなバカな、めちゃくちゃな話だ、マジかよ」をThat's nuts.で表現できます。

すぐに使える例文集

A: Did you hear? Jack wants to jump off the roof into the pool!
B: What? That's nuts! He could get hurt!
A: きいた？ ジャックが屋根からプールに飛び込みたいって言ってるんだって！
B: え？ それすごいバカじゃん！ 怪我しちゃうよ！

A: Did you see the president's latest press conference?
B: Yes, he was totally nuts. Nobody knew what he was talking about.
A: うちの社長のさっきの会見を見た？
B: うん、彼は完全におかしいよ。誰も何を言ってるかわからない。

▶ He switched jobs for the third time this year. He's nuts.
今年、彼は3回も仕事を変えているんだよ。おかしい。

036 それはいただけない

I can't support that.

 I can't get behind that.

A: With the latest downturn in business, we might all be getting a pay cut.
B: No way! I can't get behind that.
A: 最近の不景気で、みんな減給になるかもしれない。
B: とんでもない！ それはいただけないね。

Normal

I can't support that.

Cool

I can't get behind that.

相手の提案や考えについて、賛成できないことを表す時に用います。「それはいただけないね」や「受け入れられない」という意味になります。

get behind...は「〜の後ろに回る・行く」という意味があります。そこから比喩的に意味が拡張し「後ろから支える」、すなわち**「支持する」**という意味を持つようになりました。

> すぐに使える例文集

A: Do you think we should implement the new policy?
B: I can't get behind that. It seems too restrictive for our team.
A: その新しい方針を実行すべきだと思う？
B: 賛成できない。それはチームにとって制限が厳しすぎると思う。

A: Sarah really wants to see the reptile exhibit for her birthday next week.
B: Sorry. I really can't behind that. Reptiles aren't my thing.
A: サラは来週の自分の誕生日に爬虫類の展示会に行きたがってるんだ。
B: ごめん、それはいただけないね。爬虫類は得意じゃないんだ。

037 それはひどいな

> That's not right.

 That's messed up.

A: I got fired for being late just once.
B: That's messed up.
A: 一回遅刻しただけでクビになったよ。
B: それはひどいな。

Normal

That's not right.

Cool

That's messed up.

　相手が嫌な事をされたと打ち明けられた時に、「そりゃひどい」「理不尽だね」「そんなのありえない」と言って、相手に同情の気持ちを伝えることができます。

messは動詞で「散らかす」「困らせる」、名詞では「ごちゃごちゃ」という意味があります。**上手くいかない、ひどい様子を表す時にmess upが使われます。**

すぐに使える例文集

A: I gave her a ring for our anniversary, but she forgot it somewhere.
B: That's messed up.
A: 彼女に私たちの記念の指輪をプレゼントしたのに、彼女はどこかに置き忘れてきたんだ。
B: そりゃ、ひどいね。

▶ My luggage never arrived at the airport. That's so messed up.
空港で、私の荷物が全く出てこなかったの。もう、ひどいでしょ。

[しくじる]
▶ He always messes up when it comes to teamwork.
彼はチームワークのことになるといつもしくじる。

[台無しにする]
▶ The rain messed up our picnic plans.
雨がピクニックの計画を台無しにした。

Chapter 4　自分の印象や感想を伝える　093

Chapter 4 ➡ まとめ

（　　　）内に適切な単語をいれてみましょう。

「美味しくないです」 It was (　　　).

「サイテー」 It totally (　　　).

「混んでました」 It was (　　　).

「彼は嫌な感じです」 He gives me bad (　　　).

「怒ってます」 I totally (　　　) it.

「失礼な」 That's kinda (　　　).

「驚きました」 I'm (　　　).

「おかしいよ」 That's (　　　).

「それはいただけない」 I can't get (　　　) that.

「それはひどいな」 That's (　　　) up.

【答】 gross, sucked, packed, vibes, lost, shady, floored, nuts, behind, messed

Chapter 5
自分の意志や希望を伝える
―― 慎重に、でもはっきり

038 ありえない

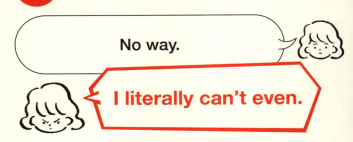

No way.

I literally can't even.

A: I heard Tom wants us to stay late to finish the project.
B: What? On Christmas!? I literally can't even!
A: トムが、遅くまで残ってプロジェクトを終わらせろって言ってるらしいよ。
B: えっ、クリスマスに!? それはありえない！

Normal
No way.

Cool
I literally can't even.

　ある状況を言葉にできない驚きや、ショックを受けたこと、信じられないということを伝える時に使います。

I literally can't even.は動詞がないので文法的には不完全ですが、理屈抜きでこのまま丸ごと覚えてしまいましょう。

すぐに使える例文集

[驚きやショックを表す]
▶ **She got engaged? I literally can't even.**
彼女が婚約したって？　本当に信じられない。

[絶望的な感情]
▶ **My favorite band is breaking up. I literally can't even.**
お気に入りのバンドが解散するの。もうやっていけない。

[怒りを込めて]
▶ **He stopped texting me and blocked me from all his socials. I literally can't even.**
彼は私に対してメッセージを送るのもやめ、全てのSNSから私をブロックしたんです。ほんとうにありえない！

▶ **A thirty-minute walk in this heat. I literally can't even.**
この暑さのなか30分も歩くなんて、ほんとうにありえない。

039 マジで無理

That makes me uncomfortable.

 That's so cringey.

A: My mom showed my boyfriend pictures of me from high school.
B: What? That's so cringey.
A: 母が私の彼に、私の高校時代の写真を見せたの。
B: なんだって？マジで無理。

> Normal

That makes me uncomfortable.

> *Cool*

That's so cringey.

　嫌な気持ちや、不快な状況の時に使う表現です。「マジで無理」というような場面にぴったりな表現です。

動詞cringe（恥ずかしく思う）から派生したのがcringeyです。SNSを中心に生まれた単語で、動画やSNSの投稿を見て**不快な気持ち**になったり、なにか**心がぞわぞわしたりする瞬間**があると思います。それがThat's so cringey.です。また、今の仕事が**嫌でたまらなく**、すぐにでも辞めたい。そんな時もThat's so cringey.と言えばよいでしょう。「本当に耐えられない！」という気持ちですね。

すぐに使える例文集

A: My boss checked my browser history yesterday. He asked why I was looking at job search sites!
B: Oh my gosh. That's so cringey.
A: 昨日、上司が私のブラウザの履歴をチェックして、なぜ転職サイトを見ていたのか聞かれたよ。
B: なんですって。ありえないですね。

▶ I couldn't finish watching that horror movie. It was so cringey.
あのホラー映画、最後まで観られなかったの。マジで無理でした。

▶ My dad kept telling cringey jokes.
うちの父、いつも耐えられないジョークばかり言っているの。

040 乗り越えられるよ

You will heal yourself.

 You'll get over it.

A: I can't believe my boyfriend broke it off with me.
B: Just take your time. You'll get over it.
A: 彼から別れを切り出されるなんて、信じられない。
B: 焦らないで。きっと乗り越えられるよ。

Normal

You will heal yourself.

Cool

You'll get over it.

　失敗や苦労を重ねて落ち込んでいる人に対して、「時間が経てば大丈夫」という慰めの言葉として使います。

落ち込んでいる相手に、「大丈夫」「なんとかなるから」「気にしないで」「忘れよう」といった**励ましの声をかける時にぴったり**なのが、You'll get over it.や単純にGet over it.という表現です。

> **すぐに使える例文集**

A: I didn't get the job I wanted.
B: You'll get over it. Better opportunities will come.
A: 望んでいた仕事に就けなかった。
B: そのうち忘れるよ。もっといい機会が来るさ。

A: My team lost the championship.
B: You'll get over it. There's always next year.
A: チームが優勝を逃したんだ。
B: そのうち忘れるさ。また来年があるよ。

A: I just realized I had my t-shirt on inside out all night.
B: Get over it. It was dark enough in the club, so I'm sure no one noticed.
A: 昨日の夜、Tシャツを裏返しに着ていたとわかったよ。
B: 気にしないで。クラブは暗いから誰もそれに気づかなかったと思う。

Chapter 5　自分の意志や希望を伝える

041 約束します

I promise.

 You have my word.

A: Don't tell anyone, please!
B: Of course. You have my word.
A: 誰にも言わないでください！
B: もちろんです。約束するよ。

Normal
I promise.

Cool
You have my word.

　「絶対言わない」という場合に使う表現です。「絶対に誰にも言わないから」と言って、他の人に言ってしまうと信頼関係が修復できなくなる、それぐらい強い約束の言葉です。

「**約束するよ**」や「**保証するよ**」はI promise. と言いますが、You have my word. という表現も使えるといいですね。直訳は「あなたは私の言葉を持っている」となりますが、「そのまま私の言葉を受け取っていいですよ、信じてください」という意味になるのも理解できますね。

すぐに使える例文集

A: Will you send me the documents by email?
B: You have my word. I'll send them today.
A: 書類をメールで送ってくれる？
B: 約束するよ。今日中に送るよ。

A: Please don't be late.
B: I'll be there on time. You have my word.
A: 遅くならないでね。
B: 時間通りに行くよ。約束します。

▶ I'll pay you back next week. You have my word.
来週お金を返すね。約束します。

042 忘れてました

I forgot about that.

 It slipped my mind.

A: I just arrived at Starbucks. Are you on your way?
B: Oh, no. It slipped my mind. I'll be there in 10.
A: スターバックスに着いたところです。今向かってる？
B: ああ、いや。忘れてた。10分で着くよ。

Normal

I forgot about that.

Cool

It slipped my mind.

　forgetを使わずに、「うっかりしていて、忘れた」と言うことができる表現です。

うっかりしていて忘れてしまった時、**「忘れた」とストレートに言わず、「抜け落ちていた」という感じで伝える表現**です。動詞のslipには、「滑る」や「〜をそっと滑らす」という意味があります。

　slip one's mindは「〈記憶・関心など〉から離れる」という意味になります。つまり、「ある情報が記憶から離れた状態」です。It (completely, totally) slipped my mind. を決まり文句として覚えましょう。

すぐに使える例文集

A: You are supposed to cook dinner tonight, aren't you?
B: Oh, it completely slipped my mind. So what do you want to eat?

A: 今日はあなたが夕飯を作ることになっていましたよね？
B: あ、忘れていました。それで何が食べたいですか？

A: Did you bring the report for today's meeting?
B: Oh no! It completely slipped my mind. I'll email it to you right now.

A: 今日の会議の報告書を持ってきましたか？
B: あっ！　すっかり忘れていました。今すぐメールで送ります。

043 急いでます

I'm in a hurry.

 I'm pressed for time.

A: Are you up for lunch today?
B: I'd love to, but I'm pressed for time. Maybe tomorrow?
A: 今日ランチに行ける？
B: 行きたいんだけど、今日は時間がないんだ。明日はどう？

Normal
I'm in a hurry.

Cool

I'm pressed for time.

「急いでいることがあり、今は時間がないんです」ということを伝える表現です。

pressedは動詞press（押し込む）から派生した形容詞で、「時間・お金が不足している」「忙しい」の意味で用いられます。**時間に追われて押し込まれて、忙しさから抜け出せない**というイメージです。be pressed forは後ろにtimeもしくはmoneyを続け、「忙しい、急いでいる」「お金が不足して、窮している」の意味になります。

すぐに使える例文集

A: Can you help me move my furniture this afternoon?
B: Sorry, I'm pressed for time today. How about tomorrow?
A: 今日の午後、家具を移動するのを手伝ってくれない？
B: ごめん、今日は時間がないんだ。明日はどう？

A: Do you have a moment to discuss the budget?
B: I'm pressed for time right now. Can we talk later?
A: 予算について話す時間ある？
B: 今はちょっと急いでいるんだ。後でいいかな？

▶ I'm pressed for time, but I can spare a few minutes for you tomorrow.
時間がないけれど、明日なら少し時間が割けますよ。

044 なんとかします

I will try to understand it.

 I'll figure it out.

A: I found his email really hard to understand.
B: Let me see it. I'll figure it out.
A: 彼のメールは本当にわかりにくかったです。
B: 見せてください。私が何とかしてみるから。

Normal

I will try to understand it.

Cool

I'll figure it out.

　何か解決したり、状況を理解したりしようとする時「私がなんとかしてみる」という場合がありますね。そんな時に使う言葉です。「やってみるから任せてね」という感じが伝わります。

I'll figure it out.は「私が解決してみるね」という感じで使います。**figure outは「解決する」「理解する」の意味です**。ここで使われているitは文脈からわかることで、「現在問題にしていることがら」です。

> すぐに使える例文集

A: This puzzle is really tricky.
B: Let me give it a try. I'll figure it out.
A: このパズルは本当に難しいね。
B: やらせて。なんとかするよ。

A: The new smartphone settings are confusing me.
B: Hand it over. I'll figure it out.
A: この新しいスマホの設定がわからないよ。
B: 貸して。なんとかするよ。

A: The assembly instructions for this furniture are too complicated.
B: Let me take a look. I'll figure it out.
A: この家具の組み立て説明書が複雑すぎるよ。
B: 見せて。なんとかするよ。

045 イライラします

That annoys me.

 That drives me nuts.

A: Mary is always complaining about her life.
B: I know. That drives me nuts.
A: メアリーはいつも自分の人生に文句ばっかり言っている。
B: そうなんだよね。私も聞いていてイライラする。

Normal

That annoys me.

That drives me nuts.

　イラッとする時、強い嫌悪感などを込めて感情的に用いる表現です。「うんざり、嫌気が差すんだ」という感じが伝わります。

nutsは口語でよく使われる単語で、この本でもすでに取り上げています。**That (It) drives me nuts.** で「それ（そのこと）はイラッとする」という表現を覚えておきましょう。例えば、Wi-Fiの環境がよくないせいで、何度もインターネットの通信が途切れる。隣の部屋から音楽が聞こえてきて全く集中できないなどは、イラッとしますよね。

すぐに使える例文集

A: My husband always leaves dirty dishes in the sink.
B: That drives me nuts. How hard is it to clean up?
A: 夫がいつも流しに汚れた皿を置いていく。
B: それ、本当にイライラするよね。片付けるのがそんなに難しいのかって思うよね。

A: The printer is out of paper again.
B: It drives me nuts when that happens.
A: プリンターがまた紙切れだよ。
B: そういう時、本当にイライラするよね。

▶ The dog next door is driving me nuts with its constant barking!
隣の家の犬は、ずっと吠えていてイライラするよ。

Chapter 5 ➡ まとめ

（　　　）内に適切な単語をいれてみましょう。

「ありえない」 I（　　　）can't even.

「マジで無理」 That's so（　　　）.

「乗り越えられるよ」 You'll（　　　）over it.

「約束します」 You have my（　　　）.

「忘れてました」 It（　　　）my mind.

「急いでます」 I'm（　　　）for time.

「なんとかします」 I'll（　　　）it out.

「イライラします」 That drives me（　　　）.

【答】literally, cringey, get, word, slipped, pressed, figure, nuts

Chapter 6
相手に聞く時、お願いする時
──丁寧に、わかりやすく

046 正直に言ってください

Tell me the truth.

 Level with me.

A: I don't know how to tell you this...
B: Level with me.
A: ちょっと言いにくいのですが……。
B: 正直に話して。

Normal

Tell me the truth.

Cool

Level with me.

　相手が何か言いにくそうにしている時に、隠さず、腹を割って、正直に言ってほしいと伝える場面で使います。若者風に言えば「ぶっちゃけて言う」という感じですね。

levelには、名詞として「レベル・水準」という意味がありますが、ここでは**level with**で**「(人)に正直に言う、率直に打ち明ける」という意味**になります。あまりよくない内容について話すことを前提としています。

すぐに使える例文集

A: How's your relationship with Steve?
B: I don't know. I wish he would level with me about his feelings.
A: スティーブとの関係どうなっているの？
B: よくわかんない。彼がどう思っているのか、正直に言ってくれるといいんだけど。

A: Level with me. Are you mad at me?
B: Yeah, I am. You shared my secret with others, and I felt betrayed.
A: ぶっちゃけ、怒ってる？
B: 怒ってるよ。そりゃ、私が内緒にしていたこと、他の人に言ったんだから。私のことを裏切ったよね。

047 何を考えていますか?

What are you thinking about?

 What's on your mind?

A: What's on your mind?
B: Was just thinking about the interview I had yesterday.
A: 何か考え事でも？
B: 昨日受けた面接のことを考えていたんだ。

> Normal

What are you thinking about?

> Cool

What's on your mind?

　上の空だったり、考えごとをしてそうで、悩んでいるような様子だったり、下心がありそうな人に対して「何か考えごとでも？」や「何か悩み事でも？」または「何か企んでいる？」ということを聞く時に使います。

What's on your mind? というフレーズを頭に入れてしまいましょう。釈然としない相手に対して、「どんなことが気になっているんですか？」とか、**悩み事がありそうな人に向かって「何か心配事でもあるの？」**というような使い方ができる、かなり便利な表現です。

すぐに使える例文集

A: What's on your mind?
B: I'm worried about the upcoming project deadline.
A: Level with me. Do you think we need more people to get it done on time?

A: 何か心配事でも？
B: 今後のプロジェクトの締め切りが心配だ。
A: ぶっちゃけ、期限内に完了するには、もっと人員が必要だと思ってる？

A: You've been complimenting me a lot today. What's on your mind?
B: Nothing really.
A: It feels like you're trying to butter me up for something.

A: 今日、たくさん褒めてくれるけど、下心でもあるの？
B: いや、特に。
A: そんなことを言うのも、何か頼み事をするためにだと思っちゃうよ。

048 コーヒーでもどうですか？

Do you want to have coffee together?

 How about grabbing some coffee?

A: I'm free later. Do you want to meet up?
B: Sure. How about grabbing some coffee?
A: この後で空いているんだけど、会わない？
B: もちろん。コーヒーでもどう？

Normal

Do you want to have coffee together?

How about grabbing some coffee?

　文脈次第で、「ちょっとコーヒーでも飲みませんか？」は「お店に入って少しお話ししましょう」「休憩しましょう」という意味になります。

grab some coffeeのgrabは「さっとつかむ」という意味の他に、「食事・睡眠などを急いで／簡単にとる」の意味があります。ここでは「簡単にコーヒーを飲む」ということで**「ちょっとコーヒーでもいかがですか？」**と**相手を誘う表現**になっています。

grab Xの表現は応用ができます。grabの後ろの名詞は比較的、短時間で食べることができるもの、飲むことができるものが来ています。また、席を取るという表現も覚えておきたいところです。

すぐに使える例文集

A: I'm heading to the convenience store. Can I get you anything?
B: Yes, please grab me a beer.
A: コンビニに行くけど、なにか買ってくる？
B: そうね、ビールをお願いします。

▶ The moment the train doors open, you need to grab a seat.
電車の扉が開いたらすぐに、席を取らないとね。

Chapter 6　相手に聞く時、お願いする時

049 いろいろぶっちゃけて言おうよ

> Tell me the gossip.

 Time to spill the tea.

A: I have to tell you something.
B: OK. **Time to spill the tea.**
A: ちょっと話したいことがあるんですよね。
B: わかった。いろいろぶっちゃけて言おうよ。

Normal

Tell me the gossip.

Cool

Time to spill the tea.

「みんなが知らないことを話して」という意味で用いられます。「いろいろぶっちゃけちゃおうよ」という感じが込められた表現になります。

spill the beans（秘密を漏らす）は学習辞典にも掲載されていますが、spill the tea も類似する表現です。**お茶を意味するteaには「ゴシップ」や「面白い話」という意味があります**。ですので、Do you have any tea?は「何か面白い話（うわさ話）でもしてくれる？」の意味になります。包み隠さず教えてほしいというニュアンスをもった表現だということを、押さえておきましょう。

すぐに使える例文集

A: I know something big about the new project.
B: Don't keep me in suspense. Spill the tea!
A: 新しいプロジェクトについて、重大なことを知っているんだ。
B: じらさないで、早く詳しい話を教えてよ！

なかなか、本音を話してくれない、または核心部分を話してくれない人に対して、おどけて次のように言うこともできます。

▶ **You can't leave without spilling the tea first.**
本当のところを言うまで帰さないからね。

050 なにがあったのですか?

What's the matter with you?

 **What's your deal?**

A: You're so quiet. What's your deal?
B: I'm just tired, that's all.
A: ずいぶん無口ね。どうかしたの?
B: ちょっと疲れているだけだよ。

Normal
What's the matter with you?

What's your deal?

「どうしたの?」「どうなっているの?」「どうしたいの?」ということを聞く時に使う表現です。

相手を心配する表現には、What's the matter with you? やWhat's your problem?、What's wrong with you? などがあります。今回は、「どうしたの？」を表すWhat's your deal? という表現を覚えましょう。dealはdeal withで「（問題、事件など）を処理する、対応する」という意味があり、**What's the deal with...? で「〜はどうしたのですか？」**となります。例えば、What's the deal with your new boss?（あなたの新しい上司はどうですか？）のように使います。

すぐに使える例文集

「どうしたの？」に当てはまる表現

A: **The train is delayed 20 minutes. What's the deal?**
B: **No clue. We just have to wait.**
A: 電車が20分遅れてるけど、どうしたのかな？
B: わからない。待つしかないね。

▶ **You look upset. What's your deal?**
怒っているみたいだけど、どうしたの？

「どういうつもりなの？」を表す

▶ **You've been avoiding me all week. What's your deal?**
まるまる一週間私を避けているけど、どういうつもりなの？

051 本当ですか?

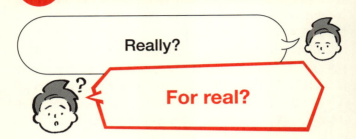

Really?

For real?

A: My brother got engaged!
B: For real? I didn't think he was the marrying type.
A: 兄が婚約したんだ！
B: 本当？ 彼が結婚するタイプだとは思わなかった。

Normal
Really?

Cool
For real?

　Are you for real? と言うこともできます。会話ではAre youを省略して、For real?（マジで、本当に？）と言うことがよくあります。

Really? やSeriously? は便利で、多用しがちです。ここでは、**For real?** を覚えて、バリエーションを増やしましょう。以下の例のようにFor real? の後にもうひとこと添えると、会話力が向上します。

すぐに使える例文集

A: We're getting a bonus this year.
B: For real? That's awesome news!
A: 今年はボーナスが出るんだよ。
B: 本当に？ それはすごいニュースだね！

A: I met a celebrity at Tokyo Station today.
B: For real? Did you get a picture?
A: 今日東京駅で有名人に会ったんだ。
B: 本当に？ 写真は撮ったの？

A: They're giving out free ice cream downtown.
B: For real? Let's go get some!
A: 街中でアイスクリームが無料で配られているよ。
B: 本当に？ じゃあもらいにいこう！

052 どう思いますか？

What do you think of...?

What do you make of...?

A: **What do you make of** the proposal?
B: It looks good to me.
A: この提案についてどう思いますか？
B: 私には良い提案に思えます。

> Normal

What do you think of...?

> **Cool**

What do you make of...?

「〜についてどう思いますか？」と相手に意見や感想、さらには解釈を聞く時に使います。

make A of B は「B（行為・出来事・発言）についてAのように思う」という意味です。Aには、nothing、littleのような否定的な意味を持つ語が入り「Bを気にしない、軽視する、わからない」という文脈で使われます。

すぐに使える例文集

A: I just saw the latest episode of our favorite show.
B: Oh really? What do you make of that?
A: 今、ハマッている番組の最新エピソードを観たよ。
B: 本当に？　それってどんな感じなの？

A: I heard our boss is considering a big reorganization.
B: Really? What do you make of that?
A: 上司が大規模な組織再編を考えてるって聞いたよ。
B: 本当に？　それについてどう思う？

▶ **The new restaurant downtown got mixed reviews. What do you make of that?**
ダウンタウンの新しいレストランが賛否両論だったよ。それについてどう思う？

▶ **I could make nothing of that poem.**
あの詩については全くわからなかった。

053 それで大丈夫ですか?

Does that suit you?

 Does that work for you?

A: I'm free on Friday for lunch. Does that work for you?
B: Sure, that works.
A: 金曜日のランチは空いてるよ。それで大丈夫?
B: もちろん。大丈夫です。

Normal

Does that suit you?

Cool

Does that work for you?

「明日の会議10時からだけど、それで大丈夫ですか?」というように、提案や予定、計画がそれで都合がいいかどうかを相手に確認する時に使うフレーズです。

動詞のworkは「働く、機能する」の他に、**「うまくいく、都合がいい」**という意味があります。相手の意向を確かめる決まり文句として、以下に示す類似のバリエーションも含めて覚えておきましょう。

> すぐに使える例文集

▶ **We can meet at noon. Does that work for you?**
正午に会うことができます。それで大丈夫？

▶ **Dinner at 8 p.m.? Is that good for you?**
午後8時に夕食はどう？ それで大丈夫？

▶ **Let's have our meeting at the coffee shop. How does that sound?**
コーヒーショップで会議をしましょう。それでどう？

▶ **We could do the presentation on Thursday. Does that fit into your schedule?**
木曜日にプレゼンをするのはどうかな。それでスケジュールに合う？

▶ **Let's start the meeting at 9 a.m. Are you good with that?**
午前9時に会議を始めましょう。それで大丈夫？

054 ちょっと待ってください

Please wait a moment.

Just a sec.

A: Do you have time for a quick meeting?
B: Just a sec. I'm on a Zoom call.
A: ちょっと打ち合わせできる?
B: ちょっと待って。Zoom会議中なんだ。

> Normal

Please wait a moment.

Just a sec.

「ちょっと待って」というカジュアルな表現です。Just a sec.以外にもHang on a sec.やHold on a sec.などを使うことができます。

「ちょっとの間」を表すa secondが縮まったa **sec**は、会話では頻繁に用いられます。I'll be back in a sec.で「**すぐに戻ります**」という意味ですが、文字通り1秒で戻ってくる訳ではありません。

> すぐに使える例文集

A: Can you check this document for me?
B: Just a sec. I'm finishing up another task.
A: この書類をチェックしてくれる？
B: ちょっと待って。他の作業を終わらせてるところなんだ。

A: Are you ready to leave?
B: Hang on a sec. I need to grab my keys.
A: 出発の準備はできた？
B: ちょっと待って。鍵を取ってこないと。

A: Can you come help me with this package?
B: Hold on a sec. I'm on the phone.
A: この荷物を手伝ってくれる？
B: ちょっと待って。電話中なんだ。

▶ Hold on a sec, I'll be with you shortly.
ちょっと待って、すぐに行くから。

055 空気を読んで

Understand the situation.

 **Read the room.**

A: I can't believe you talked politics at dinner.
B: I'm sorry. I didn't realize people were uncomfortable.
A: Read the room, man!
A: 夕食の席で政治の話をするなんて信じられない。
B: ごめん。みんなが不快に思っているなんて思わなかったよ。
A: ちゃんと空気を読んで！

Normal

Understand the situation.

Cool

Read the room.

Read the roomは日本語の「**空気を読みなさい**」と対応します。

すぐに使える例文集

A: Why don't we ask the boss for a raise during the meeting?
B: Read the room. He's been in a bad mood all day.
A: 会議中にボスに昇給をお願いしようか？
B: 空気を読んで。彼は一日中機嫌が悪いんだから。

A: I can't believe Mark started talking about his girlfriend at the meeting.
B: Yeah, he really needs to read the room. We were discussing the budget.
A: マークが会議で自分の彼女の話をし始めたなんて信じられないよ。
B: そうだね、彼は本当に空気を読むべきだ。私たちは予算について話していたんだから。

▶ She started talking about her vacation while everyone was working hard. She needs to read the room.
みんなが一生懸命働いている時に、彼女は休暇の話を始めた。空気を読むべきだよ。

Chapter 6 ➡ まとめ

（　　　）内に適切な単語をいれてみましょう。

「正直に言ってください」（　　　）with me.

「何を考えていますか？」 What's on your（　　　）?

「コーヒーでもどうですか？」
How about（　　　）some coffee?

「いろいろぶっちゃけて言おうよ」
Time to（　　　）the tea.

「なにがあったのですか？」 What's your（　　　）?

「本当ですか？」 For（　　　）?

「どう思いますか？」
What do you（　　　）of that?

「それで大丈夫ですか？」
Does that（　　　）for you?

「ちょっと待ってください」 Just a（　　　）.

「空気を読んで」 Read the（　　　）.

【答】Level, mind, grabbing, spill, deal, real, make, work, sec, room

Chapter 7
自分の状態を伝える
―― 正直に、しっかりと

056 大したことではないよ

> No problem.

 It's not a big deal.

A: Thanks for helping me. I really appreciate it.
B: It's not a big deal. I'm glad I could help.
A: 助けてくれてありがとう。本当に感謝してるよ。
B: 大したことじゃないよ。力になれて嬉しいよ。

`Normal`
No problem.

`Cool`
It's not a big deal.

　もちろんNo problem.でも問題ないですが、もう少しカジュアルに「大したことじゃないので、問題ないです」と言いたい時にぴったりな表現です。

It's not a big deal. は、何かがそれほど重要ではないと示す時に使います。他の人が心配したり謝ったりした時に、問題が大きくないと伝えることができます。It's no big deal. という言い方もできます。

　もっとカジュアルな表現にDon't sweat it.（大丈夫、気にしないで）やNo biggie.（大したことない）、No worries.（大丈夫だから）などがあります。

すぐに使える例文集

A: I can't make it to the meeting today. Something came up.
B: It's not a big deal. We can reschedule.
A: 今日の会議に出席できないんだ。急用ができて。
B: 大したことないよ。スケジュールを変更しよう。

A: Thank you for staying late to help me.
B: It's not a big deal. I didn't have any other plans.
A: 遅くまで手伝ってくれてありがとう。
B: 大したことないよ。他に予定がなかったから。

A: I'm really sorry I'm late.
B: It's not a big deal.
A: 遅れて本当にごめん。
B: 大したことないよ。

057 混乱してます

I am confused.

I'm a mess.

A: I can't get in touch with my son. I'm a mess.
B: Calm down. I'm sure his phone's battery just died.
A: 息子と連絡が取れません。困りました。
B: 落ち着いて。彼の携帯電話のバッテリーが切れているだけだと思うよ。

Normal
I am confused.

Cool
I'm a mess.

　心配事で頭がいっぱい、そして混乱している。そんな困った状態を表す時に使うひとことです。

messは「乱雑、めちゃくちゃな状態」を表す語です。部屋が散らかり放題と言う場合はWow, this room is a complete mess.「わあ、この部屋は散らかってますね」と言います。シンプルにWhat a mess! で「なんていう散らかりようなの！」とも言います。このような具体的な状況から、「**頭の中が様々な考えごとで散らかっている**」という比喩的な使い方ができます。

すぐに使える例文集

A: You seem really stressed. What's going on?
B: I'm a mess. The kids are sick, and I have a huge project due tomorrow.
A: すごくストレスを感じてるみたい。どうしたの？
B: 混乱してるんだ。子どもたちが病気だし、明日締め切りの大きなプロジェクトがあるんだよ。

▶ With all these deadlines, I'm a mess and don't know where to start.
これらの締め切りが重なって、混乱してどこから手を付ければいいかわからない。

▶ I'm a mess since I lost my job, struggling to figure out my next steps.
仕事を失ってから混乱していて、次に何をすべきか悩んでいる。

058 困った状態です

I'm in trouble.

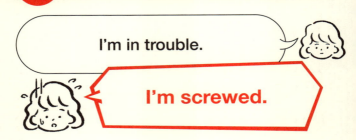

I'm screwed.

A: Did you finish the report?
B: No, I'm screwed. I'll never finish it by tomorrow.
A: レポートは書き終わった？
B: ヤバいよ。明日までに終わらせるのは無理だ。

Normal
I'm in trouble.

Cool
I'm screwed.

　困難な状況に直面していて、そこから抜け出すのが非常に難しいと感じる時に使われます。「大変だよ」「ヤバいよ」「困ったことになっている」といったピンチの場面で使う表現です。

screwは名詞では「ネジ」、動詞では「ネジで固定する」「ねじる」という意味ですが、ここではちょっと違いますね。**I'm screwed.は「困ったことになっている」「ヤバい状況だ」という定型表現**として覚えましょう。なんとなく絶望感が伝わってくる表現です。

> **すぐに使える例文集**

A: Did you back up your presentation files?
B: No, my computer just crashed. I'm screwed.
A: プレゼンのファイルをバックアップした？
B: いや、コンピュータがクラッシュした。もう終わりだ。

A: The deadline got moved up to tomorrow.
B: Tomorrow? I have so much left to do. I'm screwed.
A: プロジェクトの締め切りが明日に前倒しされたよ。
B: 明日？ やることがたくさん残ってる。まずい状況だ。

▶ I missed my flight, and the next one isn't until tomorrow. I'm screwed.
飛行機に乗り遅れて、次の便は明日までない。どうしようもない。

059 お金がない

I have no money.

 **I'm so broke.**

A: When's pay day?
B: Not until next week. I'm so broke.
A: 給料日はいつ？
B: 来週にならないと。お金がないの。

Normal

I have no money.

I'm so broke.

手持ちのお金がない時に使います。

I'm so broke. は「私はとても壊されました」という意味ではありません。**brokeは、breakの過去分詞形から派生した形容詞で「一文無し」を意味します**。今はbrokenという過去分詞ですが、古い時代にはbrokeを過去分詞として使っていました。ですので、I'm so broke. は「お金がないんだよね」という意味です。

　もちろん、破産寸前で深刻な感じもありますが、**「手持ちのお金がない」「金欠なんだ」くらいの意味を伝える**ことができます。soの代わりにflatを使って、I'm flat broke. とも言います。

すぐに使える例文集

A: Let's have a drink.
B: I really can't. I spent too much going to meet-and-greet events and now I'm so broke.
A: 飲みに行こうよ。
B: ごめん、握手会に参加しすぎてお金がなくなっちゃったよ。

他にも、「お金がない」ことを表すものとして次のような表現があります。
▶ I'm strapped for cash.
▶ I'm hard up.

060 仲良くなりました

We got along well.

 We really hit it off.

A: How was your first date?
B: We really hit it off.
A: 最初のデートはどうでしたか？
B: 意気投合したよ。

Normal

We got along well.

Cool

We really hit it off.

「出会ってすぐに気が合う、趣味が合う、意気投合する」という時に、ぴったりな表現です。

２人の人が出会って間もないうちに、打ち解け合い、仲良くなった時にWe hit it off.という表現を使います。hitは古くは「偶然出会う、出くわす」という意味でしたが、「打つ」に変化しました。ですが、hit it offには「出会う」という意味が化石的に残って**「(出会った２人が)意気投合する」という口語表現**として使われています。

すぐに使える例文集

▶ **At the barbecue, we really hit it off and exchanged phone numbers right away.**
バーベキューをした時に、私たちはとても仲良くなってすぐに電話番号の交換をした。

▶ **It turns out we are both Swifties and we really hit it off after that.**
私たちが２人共スウィフティーズ（テイラー・スウィフトのファン）とわかって、一気に親しくなった。

▶ **When Jane introduced her boyfriend to her roommate, they hit it off instantly, sharing a passion for video games.**
ジェーンが自分の彼をルームメイトに紹介すると、２人はすぐに意気投合し、テレビゲームの話で大盛り上がりした。

061 疲れてます

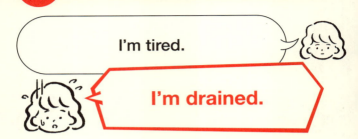

I'm tired.

I'm drained.

A: You were out late last night, weren't you?
B: Yeah, I'm drained today.
A: 昨夜は遅くまで外出していたんでしょう？
B: そうなの、今日は力が出ないよ。

Normal

I'm tired.

Cool

I'm drained.

クタクタ、ヘロヘロ、それで力が出ない、そんな疲れを表す時に使います。

I'm drained.の**drainedは形容詞として「すごく疲れた、力尽きた」という意味**です。名詞のdrainは「排水管」の意味です。動詞として「容器などに入っている水を抜く」や「食物などの水気を切る」という意味です。容器の中の水を「精力、勇気、気力」に喩え、それが**流れ出てしまってすっからかんの状態**です。

> すぐに使える例文集

A: You look really tired. Are you okay?
B: I'm drained. I didn't sleep well last night.
A: 本当に疲れてるみたいだけど、大丈夫？
B: 疲れ果ててるよ。昨晩、よく眠れなかったんだ。

▶ I spent the whole afternoon trying to teach my parrot to talk and now my voice is gone. I'm drained.
午後ずっとオウムに話すことを教えようとして、声がかれちゃった。もう疲れた。

▶ I'm totally exhausted working till midnight.
深夜まで働いたので、クタクタです。
I'm exhausted.も精根尽き果てたことを表します。

062 疲れていて（集中できません）

> I can't concentrate well.

> **I'm so out of it.**

A: Can you talk right now?
B: Sorry. I'm so out of it now. Can I call you tomorrow?
A: 今すぐ話せますか？
B: ごめん。今、疲れていて。明日電話してもいい？

Normal

I can't concentrate well.

Cool

I'm so out of it.

　疲れていて集中できない、ぼーっとしている、なんとなくダルく「今、気持ちが入らない」「心ここにあらず」という時に使います。

I'm out of it. は「本来あるべきところにいない」が中心的な意味です。そこから「心ここにあらず」「疲れてやる気が出ない」「(風邪などで)頭がぼーっとする」「集中できない」などの意味で用いられる表現です。

> **すぐに使える例文集**

A: How was your day?
B: Honestly, I'm out of it. Just need to rest.
A: 今日はどうでしたか？
B: 正直なところ、もうこれ以上なにもできないって感じ。ちょっと休みたいんだ。

A: Did you understand the lecture?
B: I was so out of it. Can I borrow your notes?
A: 講義は理解できましたか？
B: 集中できなくて。君のノート見せてくれる？

A: Are you coming to the party tonight?
B: I'm really out of it today. Maybe next time.
A: 今夜のパーティに来る？
B: 今日は本当に調子がよくなくて。また今度で。

063 風邪かもしれない

I am catching a cold.

 I'm coming down with something.

A: I'm gonna go home early today. I think I'm coming down with something.
B: Will do. Take care.
A: 今日はちょっと早めに帰宅します。ひょっとしたら風邪を引いたかもしれません。
B: 了解です。お大事に。

Normal

I am catching a cold.

Cool

I'm coming down with something.

　体がゾクゾクして、寒気がしてきた。喉も調子が悪いし、くしゃみも出そう。風邪の引き始めに使う表現です。

catch a cold と come down with something はどちらも「風邪を引く」という意味です。come down with a coldでもいいですが、まだ風邪と診断を受けてない時や風邪っぽいと思っている時に、somethingと言います。**come downは「低下する」という意味で、体力や活動力が低下する意味につながります。**

I'm coming down with something. と「現在進行形（be動詞＋動詞のing形）になっているのは、「だんだん、風邪のような症状が出てきている」ことを表すためです。

すぐに使える例文集

▶ **I'm coming down with something, probably because I got drunk and woke up on a bench at the station.**
酔っ払って駅のベンチで寝ていたからかな、風邪を引いたかもしれない。

助動詞のmight を使って「〜かもしれない」ということを表すことができます。

▶ **You might be coming down with a cold.**
風邪を引いたんじゃないの。

▶ **I think I have a fever. Maybe I'm coming down with something.**
熱があるっぽいんだ。たぶん風邪かもしれない。

064 ちょっと落ち込んでます

I feel sad.

I'm kinda down.

A: Hey, what's up? Are you OK?
B: I'm kinda down. Maybe it's the weather.
A: やあ、どうしたの？　大丈夫かい？
B: ちょっと元気がないよ。天気のせいかな。

Normal
I feel sad.

Cool
I'm kinda down.

　気分が落ち込んでいる時、塞ぎ込んでいるような状況で使います。

本書で時々出てくるkindaはkind ofの口語表現ですが、「～という種類」ではなく「ちょっと」や「なんとなく」という意味でしたね。**downは、「気持ちが落ち込んでいる」を表し**、I'm kinda down.は「ちょっと気持ちが落ちている」のような意味です。同様な表現、I'm feeling blue.も覚えましょう。

すぐに使える例文集

A: Are you okay? You seem off.
B: I'm kinda down. I haven't heard from my boyfriend all week.
A: 大丈夫？　なんか変だよ。
B: ちょっと落ち込んでるんだ。まるまる一週間、彼から連絡が来ないの。

A: Wanna go out for lunch?
B: I'm kinda down. Can I take a rain check?
A: ランチに行かない？
B: ちょっと落ち込んでるんだ。後日にしてもいい？

A: You look sad. What's wrong?
B: I'm feeling blue. I just got some bad news.
A: 悲しそうに見えるけど、どうしたの？
B: 気分が落ちてるんだ。ちょっと悪い知らせがあって。

065 投稿がバズりました

My post was popular.

 My post blew up.

A: Yesterday I posted a picture of my cat yawning. My post blew up!
B: That's amazing!
A: 昨日、SNSに猫があくびをしている写真を載せたの。そしたらそれがバズったんだ。
B: それはすごい！

Normal

My post was popular.

My post blew up.

SNSで「バズる」、「炎上する」のどちらにも使えます。

SNSの投稿が一瞬のうちに多くの人たちにシェアされ、拡散されていく様子を比喩を使って、日本語では「**爆発的に広がる**」と言います。英語でも同じように、**blow up（爆発する）**と言います。

> **すぐに使える例文集**

ここでは「バズる」の様々な表現を覚えましょう。

▶ **My video went viral and got 100K views in a week!**
私の動画がバズって、1週間で10万回再生された！

▶ **My reel went viral and I got around 3,000 followers in a day.**
私のリールがバズって、1日でフォロワーがだいたい3000人増えた。

▶ **Kim Kardashian just broke the internet again with her latest post.**
キム・カーダシアンは、最近の投稿でまたバズった。

Chapter 7 ➡ まとめ

（　　　）内に適切な単語をいれてみましょう。

「大したことではないよ」 It's not a big (　　　).

「混乱してます」 I'm a (　　　).

「困った状態です」 I'm (　　　).

「お金がない」 I'm so (　　　).

「仲良くなりました」 We really (　　　) it off.

「疲れてます」 I'm (　　　).

「疲れていて（集中できません）」
I'm so (　　　) of it.

「風邪かもしれない」
I'm coming down with (　　　).

「ちょっと落ち込んでます」 I'm kinda (　　　).

「投稿がバズりました」
My post (　　　) up.

　　【答】deal, mess, screwed, broke, hit, drained, out, something, down, blew

Chapter 8
自分の意見を伝える
――日本人の苦手な表現

066 仕方がないよ

It can't be helped.

 It is what it is.

A: My girlfriend's dog really hates me. I don't know what to do.
B: It is what it is. Just accept it.
A: 彼女の犬が私を本当に嫌っている。どうしていいかわからない。
B: しょうがない。受け入れるしかないよ。

Normal

It can't be helped.

Cool

It is what it is.

　ネガティブなことを言った相手に対して、「しょうがないね」「仕方がないね」と言う時に使います。

It is what it is.は直訳すると「そのことは、そういうこと」となるのですが、この場合は、「そういうもんだ、仕方がない」という意味で覚えましょう。英語学習には暗記がつきものです。**そういうものなのです、仕方ありません。It is what it is.**

> **すぐに使える例文集**

A: I was stuck in traffic for hours.
B: That's rough, but it is what it is. At least you got back safely.
A: 何時間も渋滞に巻き込まれたよ。
B: それは大変だったね。でも仕方ないよ。安全で何よりだよ。

A: My favorite restaurant closed down.
B: Well, it is what it is. Let's try a new place.
A: お気に入りのレストランが閉店しちゃった。
B: そうね、仕方ないね。新しいところを見つけよう。

▶ Sometimes things don't go as planned, but it is what it is.
計画通りに行かないこともあるけれど、仕方ないね。
　この例のように、ネガティブなことを述べてから"but it is what it is"と言うことがよくあります。

Chapter 8　自分の意見を伝える　159

067 それは時間のムダだよ

It's a waste of time.

 **It's not worth it.**

A: I spend so much time worrying about the future.
B: It's not worth it. Just live in the moment.
A: 私は将来について心配することに、かなりの時間を使っている。
B: そんなことに時間を使うのは無駄よ。今を生きよう。

Normal

It's a waste of time.

Cool

It's not worth it.

そんなことをしても時間の無駄だよ。何の得にもならない、という場面で使います。

何かをすることが、労力や報酬に見合わない時に使う表現です。**worthは「価値のある」という意味の形容詞**です。〈be worth ～ing〉でworthの後ろに動詞のing形を続け、「～する価値がある」の意味を表します。ここでは否定文で、「やめときな、無駄なことだ」という意味ですね。

すぐに使える例文集

A: I'm considering taking a shortcut.
B: It's not worth it. Stick to the main road.
A: ショートカットしようかと考えてるんだ。
B: やめたほうがいいよ。主要な道路を通った方がいいよ。

A: If I dig in my garden, I think I might find a hot spring. Should I give it a try?
B: It's not worth it.
A: 自宅の庭を私が掘れば温泉が出ると思うんだよね。やってみようかな？
B: 時間の無駄だよ。

▶ That museum is worth visiting.
　あの博物館は訪れてみる価値があります。

068 心配しないで

Don't worry about it.

 Just let it go.

A: I'm so nervous about this blind date.
B: Just let it go. You'll have a great time.
A: 今回、初めて会う人とのデート、かなり緊張してるんですよね。
B: そんなこと心配せずに、楽しんできてよ。

Normal

Don't worry about it.

Just let it go.

「心配してもしょうがないから、そんなことを気にせず、忘れてしまいましょう」と言いたい時に、ぴったりな表現です。

let it goは「**これ以上なにもしない、なにも言わない、考えない、放っておこう、成り行きに任せておこう**」というように、いくつもの意味があります。例文で確認しておきましょう。

> **すぐに使える例文集**

「気にしないで」
A: I can't believe she said that to me.
B: Just let it go. She's probably having a bad day.
A: 彼女が私にそんなことを言ったなんて、信じられない。
B: もう気にしないで。彼女はきっと機嫌が悪い日だったんだよ。

A: I accidentally deleted the file I was working on.
B: Just let it go. You can probably recover it.
A: 作業していたファイルをうっかり削除しちゃった。
B: 気にしないで。おそらく復元できるよ。

「放っておこう、これ以上なにも言わないように」
A: Should we talk to him about his behavior?
B: Just let it go. He'll figure it out eventually.
A: 彼の行動について話した方がいいかな？
B: 放っておこう。いずれ気づくよ。

069 流れにまかせて

Take things as they come.

 Go with the flow.

A: Do you have a detailed schedule for our trip?
B: No! Let's just go with the flow and see what happens.
A: 私たちの旅行の詳細な日程は決まっていますか？
B: いや、流れにまかせて様子を見よう。

Normal

Take things as they come.

Go with the flow.

　何か心配をしている人に対して、あまり心配せずその場の雰囲気で、流れに身をまかせて臨機応変にやろうよ、というような場面にぴったりな言葉です。

とっさに口をついて出てくる表現の特徴の一つとして「リズムがいい」というものがあります。例えばEat right, feel bright.（ちゃんと食べて、気持ちを爽快に）は、rightとbrightで韻を踏んでいます。**Go with the flowでgoとflowが［オゥ］と韻を踏んでいて、with theは「ウィザ」と弱く発音され、語呂口調がいい表現です。** こうした決まり文句を覚えるには、声に出して練習するのもいいですね。

すぐに使える例文集

A: I'm having dinner with my girlfriend's parents for the first time tomorrow. I'm really nervous.
B: Don't worry. Just go with the flow.
A: 明日、初めて彼女の両親とディナーなんだよね。かなり緊張してるんだ。
B: 心配しないで、流れにまかせて。

▶ **Sometimes you just have to go with the flow.**
時にはただ流れに身をまかせることも必要です。

▶ **In uncertain times, the best approach is to go with the flow.**
不確実な時代に最善の方法は、流れに身をまかせることだ。

070 前向きに捉えよう

Think positively.

 Look on the bright side.

A: I just got fired. What am I gonna do?
B: Look on the bright side. Now you can think about what you really want to do.
A: 仕事をクビになってしまった。これからどうすればいいんだ。
B: 前向きに捉えましょう。これで本当にやりたいことを考えられますよ。

Normal
Think positively.

Cool
Look on the bright side.

　失敗したりして落ち込んでいる人に「前向きになって、ポジティブに捉えよう」と言う時に使います。

"Always Look on The Bright Side of Life." と聞いてピンとくる方もいるかもしれません。イギリスのコメディグループ、モンティ・パイソンの映画で用いられた曲です。**the bright sideは「明るい側」という意味**ですので、「暗いことを考えずに、ポジティブになろう」となります。

すぐに使える例文集

A: My vacation got canceled because of the storm.
B: Look on the bright side. At least you can relax at home.
A: 嵐のせいで休暇の予定がなくなっちゃったよ。
B: ポジティブに考えてみようよ。少なくとも家でリラックスできるじゃない。

A: I forgot my lunch at home.
B: Look on the bright side. You can try that new café nearby.
A: お弁当を家に忘れてきちゃったよ。
B: 前向きに考えよう。近くの新しいカフェに行ける。

▶ Look on the bright side—every setback is a setup for a comeback.
前向きになろう。すべての挫折は復活の準備なんだよ。

071 君は芯が強いから

You are a strong person.

 You're a tough cookie.

A: I got so many negative comments about my last Instagram post.
B: You're a tough cookie. Just ignore it.
A: 前回のインスタの投稿について、たくさんの否定的なコメントをもらったんだ。
B: 君は芯が強いから。そんなの無視だよ。

Normal

You are a strong person.

Cool

You're a tough cookie.

あなたはとてもしっかりしているから大丈夫、と言う時に使います。

文字通り「硬いクッキー」をイメージしましょう。硬くて簡単にはかみ砕けないわけです。つまり、比喩的に**「しっかりしている」「芯が強い」「頑張りや」**という意味が生まれました。また、**簡単にかみ砕かれないため「しぶとい人」「したたかな人」「手強い人」**という意味でも用いられます。

すぐに使える例文集

A: You stood up to your boss and made your point clear.
B: Someone had to do it.
A: You're a tough cookie, that's for sure.
A: 上司に立ち向かって、自分の意見をはっきり伝えたね。
B: 誰かがやらなきゃならなかったんだ。
A: 君は本当に芯が通っているよ、間違いない。

▶ You're a tough cookie for standing up to those bullies.
いじめっ子たちに立ち向かった君は強い人だよ。

▶ I'm a tough cookie. I always keep my cool.
私はへこたれない人間だからね。いつも冷静なんだ。

072 間違ってますね

It was a misunderstanding.

 There was a mix-up.

A: My last Uber Eats order was wrong.
B: Really? There was a mix-up, I guess.
A: 前回のウーバーイーツの注文が違っていたんだ。
B: そうなの？ 何かの手違いがあったのかもね。

Normal

It was a misunderstanding.

Cool

There was a mix-up.

　情報伝達が上手くいっておらず、行き違いによる誤りが生じたり、混同、混乱による手違いが生じたりした場合に、There was a mix-up. と言います。

mix-upは「手違い」「ごたごた」を表す名詞です。mixという語から「情報が混ざってしまった」と推測できると思います。スケジュール、注文、書類、チケット、配達、検査結果、空港での手荷物、招待状等、様々な状況での手違いや混乱から生じたミスを表します。

すぐに使える例文集

A: I ordered a vegetarian meal, but I got a chicken sandwich.
B: Sorry about that. There was a mix-up in the kitchen.
A: ベジタリアンの食事を注文したのに、チキンサンドが来たんだけど。
B: 申し訳ありません、キッチンで手違いがありました。

A: Why didn't you show up for the meeting?
B: There was a mix-up with the schedule. I got the wrong time.
A: なんで会議に来なかったの？
B: スケジュールに混乱があって、時間を間違えたんだ。

▶ A mix-up at the airport resulted in lost luggage.
空港での手違いで、荷物が紛失しました。

073 あなたは私の親友です

You are my best friend.

 You're my bestie.

A: I'm so glad we met.
B: Same here. You're my bestie.
A: 出会えてよかった。
B: こちらこそ。君は僕の親友だよ。

Normal
You are my best friend.

Cool

You're my bestie.

best friendでもいいのですが、気軽に、フランクに「親友」という場面でbestieを使います。

ieという語尾がついて、「可愛らしさ」や「親密さ」を表します。例えばsweetにieを付けてsweetieで「恋人」や「かわいいもの」という意味になります。人の名前の後ろに付けることもでき、yで表される場合もあります。dadにyを付けてdaddyやmomにyをつけたmommyはよく耳にしますね。

　ここでの**bestieは「親密さ」を表し、「親友」という意味**になります。インターネット上で、BFFという表現を見かけることがあります。これはBest Friends Forever（唯一無二の親友）の頭文字を取ったものです。

すぐに使える例文集

A: You helped me so much over the last year.
B: Well, we're besties. We help each other out.
A: この一年間、あなたにはずいぶん助けてもらいました。
B: そうね。私たちって親友でしょ。お互い助けあいましょう。

▶ You always make sure I get home when I'm drunk. You're my bestie.
私が酔っ払ったときにいつも家まで送ってくれる。君は心の友だよ。

074 （社会問題に対して）関心を持っている

> You are socially-conscious and aware.

You're woke.

A: After taking that class, I see politicians in a totally new way.
B: You're woke, I guess. Maybe you'll vote in the next election.
A: あの授業を受けて、政治家を見る目が全く変わったよ。
B: 社会問題に関心を持ったんですね。たぶん次の選挙では投票に行くでしょうね。

Normal

You are socially-conscious and aware.

You're woke.

政治的な事柄に興味を持っている人に使います。

be wokeで「目が覚めている」という意味です。wokeはwakeの過去分詞形ですので、「目覚める」ことが**比喩的に「何かに関心を持つこと」**になるのも納得できますね。You're wokeが「重要な事実や問題（特に人種的・社会的正義の問題）に気づき、積極的に注意を払う」の意味で広く使われるようになったのは2013年のBlack Lives Matterに端を発すると言われています。Stay Woke（社会的問題に高い意識を持ち続けよう）というスローガンも、SNSで拡散されました。

なお、この表現は政治的に左派を揶揄するような場面でも使われることがありますので、気を付けましょう。

すぐに使える例文集

▶ **She's really woke.** She's always advocating for gender equality and LGBTQ+ rights.
彼女は意識が高いよ。いつもジェンダー平等とLGBTQ+の権利を支持している。

▶ Our company promotes diversity and inclusion. We're trying to stay woke to social issues.
私たちの会社はダイバーシティとインクルージョンを推進しています。社会問題に対して常に高い意識を持ち続けるよう努力しています。

Chapter 8　自分の意見を伝える

075 彼は高級志向です

He has expensive taste.

 He's so boujee.

A: Her new boyfriend won't wear anything unless it's like Hermès.
B: Wow. He's so boujee.
A: 彼女の新しいボーイフレンドは、エルメスみたいなものじゃないと身につけないんだ。
B: わあ。彼はとてもリッチだね。

Normal

He has expensive taste.

He's so boujee.

イヤミではなく「お金持ちだね」「高級なものが好きなんだね」という感じを伝える表現です。

boujeeは、bougieとも綴ります。フランス語の「ブルジョワ」、bourgeoisに由来しているとも言われています。2000年代に入ってから、アメリカのヒップホップシーンで使われ「**ハイクラスで、かっこよく、高級品、お金持ち**」を意味するようになりました。

すぐに使える例文集

A: Did you see her new handbag? It's designer.
B: Yeah, she's so boujee.
A: 彼女の新しいハンドバッグ見た？ デザイナー物なんだよ。
B: うん、彼女って本当に高級志向だよね。

▶ He's always flaunting expensive watches and designer suits. He's real boujee.
彼は、いつも高価な時計とデザイナーのスーツを着こなしている。彼は本当に高級志向だよね。

▶ They throw boujee parties with champagne and caviar for their friends.
彼らは、友人たちにシャンパンとキャビアを振る舞うハイクラスなパーティを開くんだ。

Chapter 8 ➡ まとめ

（　　　）内に適切な単語をいれてみましょう。

「仕方がないよ」 It is (　　　) it is.

「それは時間のムダだよ」 It's not (　　　) it.

「心配しないで」 Just let it (　　　).

「流れにまかせて」 Go with the (　　　).

「前向きに捉えよう」
Look on the (　　　) side.

「君は芯が強いから」 You're a tough (　　　).

「間違ってますね」 There was a (　　　).

「あなたは私の親友です」 You're my (　　　).

「（社会問題に対して）関心を持っている」
You're (　　　).

「彼は高級志向です」 He's so (　　　).

【答】what, worth, go, flow , bright, cookie, mix-up, bestie, woke, boujee

Chapter 9
予定、スケジュール
――間違いのないように

076 やりたいです

I want to do that.

 I'm down for that.

A: Are you interested in going hiking this weekend?
B: Sure. I'm down for that.
A: 今週末、ハイキングに行かない？
B: もちろん。行きたいです。

Normal
I want to do that.

Cool

I'm down for that.

　誘われた時に、「もちろん、行きます！」とか「ぜひ、そうしましょう！」というような場面で使います。I'm down for that. の前には、CoolやSureなどひとこと添えて使うとよいでしょう。

パーティやイベント、食事などに誘われて「いいね、行こう！」と言う時、"Sure. I'm down for that." と答えます。**downは後ろにforを伴い「準備ができた」「いつでもやれる」という意味の形容詞で**、直訳すると「私はそれをする準備ができています」や「私はいつでもそれをすることができます」というところから、「やりましょう！」という表現が生まれてきたと考えられます。

すぐに使える例文集

A: Do you want to watch a movie tonight?
B: Sure, I'm down for that.
A: 今夜映画を観に行かない？
B: いいね、行こう！

〈be down with 〜ing〉でも、「〜したいです」を表せます。

A: Would you be down with playing basketball this weekend?
B: I'd be down with that.
A: 今週末バスケしない？
B: もちろん、やろう！

〈I'm down to + 動詞の原形〉で〈I want to + 動詞の原形〉に近い意味を表すことができます。

▶ I'm down to go surfing this weekend.
　今週末にサーフィンに行きたいんだよね。

077 どこへ行くの？

Where are you going?

 Where are you headed?

A: I'm going out of town this weekend.
B: Oh, really? Where are you headed?
A: 今週末、遠出しようと思っているんだ。
B: 本当？　どこ行くの？

Normal

Where are you going?

Cool

Where are you headed?

　「どこに行くのですか？」と、行き先を尋ねる場合の気軽に使えるカジュアルな表現です。

どこかに向かっていることを表す時、be headed for (to) やbe heading for (to) を使います。headedとheadingのどちらも使うことができます。『ロングマン現代英英辞典』にはbe heading (also be headed) とあり、どちらも同じ意味とされています。**どっちに頭が向いているのですか？ という意味からきている**と推測できますね。

> **すぐに使える例文集**

A: Are you going back home after work?
B: No, I'm headed to the gym first.
A: 仕事の後、家に帰るの？
B: いや、その前にジムに行くんだ。

A: Where are going this weekend?
B: I'm heading to the mountains for a hike.
A: 今週末どこに行くの？
B: 山にハイキングに行くんだ。

A: What time are you leaving for the airport tomorrow?
B: I'm heading out early, around 5 in the morning.
A: 明日何時に空港に向けて出発するの？
B: 早めに出発するよ、朝の5時頃にね。

078 どうでしょうか?

Are you OK with that?

 How does that sound?

A: I'm thinking to book a BBQ restaurant for next weekend. How does that sound?
B: Great. I'm down for that.
A: 来週末にバーベキューレストランを予約しようと思っているんだけど、どうかな?
B: いいね。行きたいです。

Normal

Are you OK with that?

Cool

How does that sound?

　自分の提案に対して、少し柔らかく聞く表現です。「どんな感じですか?」というようなニュアンスです。

That sounds great.やSounds nice.は、「いいですね！」と同意や賛成を伝える表現です。ここから、How does that sound?もわかりますね。**自分の提案について相手の反応を窺いたい、同意してもらいたいと思いながら**「どんな感じでしょうか？」という感じで使います。

すぐに使える例文集

A: I'm thinking of organizing a potluck dinner. How does that sound?
B: Excellent. Count me in.
A: ポットラックディナーを企画しようと思ってるんだけど、どうかな？
B: いいね！ 参加するよ。

「ポットラックディナー」とは夕食を持ち寄って食べる会、count me inは「参加する」という口語表現です。

A: I really want to go to the beach next weekend? How does that sound?
B: That sounds like a great idea!
A: 来週末ビーチに行きたいんだ。どう思う？
B: それはいい考えだね！

079 何してますか?

What are you doing?

 What are you up to?

A: What are you up to?
B: Nothing much. Just watching Netflix.
A: 何してる?
B: 特に何もしていない。ただネットフリックスを観ているだけですよ。

Normal

What are you doing?

Cool

What are you up to?

「今何しているの?」と、電話やメッセージアプリで聞く表現です。特に何もしていない時は、Not much. やNothing much. と答えます。

What are you up to?には「**今何しているの？**」の他に、「**これから何をする予定なの？**」と聞く表現です。久しぶりに会った人に、「最近どうしてた？」(What have you been up toも使われる）と聞く場合にも使います。

> **すぐに使える例文集**

A: Hey, what are you up to?
B: Just replying to some emails. How about you?
A: ねえ、今何してるの？
B: ちょっとメールの返事を書いてるところ。君は？

「これから何をする予定なの？」
A: What are you up to this summer?
B: I'm thinking of traveling to Europe.
A: この夏は何をする予定？
B: ヨーロッパに旅行に行こうと思っているんだ。

「最近どうしてた？」
A: Long time no see! What are you up to these days?
B: Just been busy with work. What about you?
A: 久しぶり！　最近どうしてた？
B: 仕事で忙しかったよ。君は？

080 週末はゆっくりします

I will relax this weekend.

 **I'll just chill this weekend.**

A: What are your plans for Saturday?
B: I'll just chill this weekend—probably stay home and order Uber Eats.
A: 土曜日の予定は？
B: ゆっくり過ごす予定だよ。家にいてウーバーイーツをたのむかな。

Normal

I will relax this weekend.

I'll just chill this weekend.

　ゆっくりと過ごすという意味で、chillが用いられます。リラックスをして過ごす時に使える表現です。

chillは「冷ます」という意味の動詞で、**chill out とすると「落ち着く」「くつろぐ」という意味**になります。You'd better chill out.（落ち着きなさい）は「カッとなっている状態を冷ます」→「頭を冷やす」という連想で理解できますね。

すぐに使える例文集

A: Busy weekend ahead?
B: Nope, I'll just chill this weekend—relax and recharge.

A: 今度の週末は忙しい？
B: いや、ゆっくり過ごすよ。ただリラックスして疲れをとるかな。

A: Are you doing anything special this weekend?
B: No. I'll just chill out and maybe catch up on some reading.

A: 今週末は何か特別なことをする予定でもある？
B: いや、ゆっくり過ごして、読んでなかった本でも読んでおこうかと思うんだ。

catch up onは「最近やっていなかったことを再開する」という意味で使います。例えばcatch up on some sleepは「睡眠不足を解消する」という意味になります。

081 ドラマを全部一気に見ました

I watched all the episodes of the season.

 I binge-watched the whole season.

A: How was your weekend?
B: Great. I binge-watched the whole season of *Love is Blind*.
A: 週末はどうだった？
B: 最高だったよ。『ラブ・イズ・ブラインド』の全てのシーズン一気に観ちゃったんだ。

Normal

I watched all the episodes of the season.

I binge-watched the whole season.

　一話だけのつもりが気づけば連続ドラマを一気に観てしまった。時間が溶けてしまった。そんな時に使います。

連続ドラマの複数話を一気に観てしまう（必ずしも最初から最後までではない）**ことを表す動詞がbinge-watch**です。bingeには「度を超すこと」や「飲み過ぎ」という意味の名詞と、「飲み過ぎる」「食べ過ぎる」という意味の動詞があります。熱中して、自分が抑えられなくなっている状態を表しています。

すぐに使える例文集

A: What kept you up so late last night?
B: I binge-watched the whole season of *Breaking Bad*. Couldn't stop watching!
A: 昨夜はなぜそんなに遅くまで起きてたの？
B: 『ブレイキング・バッド』のシーズンを全部一気に観ちゃった。止められなかったよ！

binge onで「〜を大量に飲食する」という意味です。

▶ **She binged on chocolate and ice cream after a stressful day at work.**
彼女は仕事のストレスのため、チョコレートとアイスクリームを食べ過ぎた。

▶ **They binged on sushi at the all-you-can-eat buffet.**
彼らは、ビュッフェの食べ放題で寿司を食べすぎた。

082 ジムに行きます

I'm going to the gym.

 I'll hit the gym.

A: Do you have plans after work today?
B: Yeah. I'll hit the gym I think.
A: 今日は仕事の後、予定はある?
B: そうだね、ジムに行くつもりだよ。

Normal

I'm going to the gym.

Cool

I'll hit the gym.

「ジムに行ってトレーニングしてくる!」という意味でI'll hit the gym.と言うと、がっちり汗を流すイメージがあります。比較的若い世代が使う表現です。

hit the gymは「ジムを叩く」という意味ではありません。**hitという動詞に「〜に達する」「〜に至る、(道を)行く」という意味がある**からです。hit the Xの使い方を、例文を見ながら確認しましょう。

> すぐに使える例文集

A: Are you hitting the gym this weekend?
B: Yeah. I need to work out some stress.
A: 今週末はジムに行くの？
B: うん。ストレスを発散させないとね。

▶ We've got a long drive ahead of us. Let's hit the road early in the morning.
長いドライブが待ってるから、朝早く出発しよう。

▶ Exams are coming up next week. It's time to hit the books.
来週は試験だから、勉強を始める時間だ。

▶ It's Friday night! Let's hit the bar and celebrate.
金曜日の夜だ！バーに行って祝おう。

083 いつが都合がいいですか?

When are you free to meet?

 What's your availability?

A: **What's your availability** next week?
B: Tuesday lunch looks good.
A: 来週は空いていますか?
B: 火曜日のランチだったらだいじょうぶかな。

Normal

When are you free to meet?

Cool

What's your availability?

　相手の予定を確認して、「いつなら都合がいいですか?」と聞く時に使う表現です。

availabilityは「入手可能性」の他に「**時間があること**」という意味があります。What's your availability next week?は「来週は、いつなら時間がありますか？」と**相手の都合を確認する表現**になります。Please let me know your availability.（ご都合をお知らせください）のような表現もあります。

> すぐに使える例文集

A: What's your availability for a meeting this week?
B: I'm free on Wednesday afternoon. Does that work for you?
A: 今週ミーティングのご都合はどうですか？
B: 水曜日の午後は空いています。それで大丈夫ですか？

A: What's your availability to discuss the project?
B: How about Thursday morning?
A: プロジェクトについて話し合う時間はいつ空いていますか？
B: 木曜日の午前中はどうですか？

▶ My availability is best on Wednesday.
私がいちばん都合がいいのは水曜日です。

084 予定は入っていません

I am free.

I'm wide open.

A: Can we meet tomorrow to discuss this more?
B: Sure. I'm wide open all day.
A: 明日、この件について詳しく話し合うことはできますか？
B: もちろん。スケジュールは空いています。

Normal

I am free.

I'm wide open.

　予定を聞かれて、「その日（その時間）は空いています」という時に答える表現です。

wide open (時には wide-open と綴ります) は、**「(時間が) 空いている、予約がない」**という意味です。A is wide open. で「Aは空いています」となります。

> **すぐに使える例文集**

A: Are you free next weekend?
B: Yeah. I'm wide open. Let's do something.
A: 次の週末空いてる？
B: うん、予定は入っていないよ。何かしよう。

A: Can you help me move on Saturday?
B: Sure. My Saturday is wide open.
A: 土曜日に引っ越しを手伝ってくれる？
B: もちろん、土曜日は予定が入ってないから。

A: Do you have any time this week for a meeting?
B: Sure. Any day after 3 is wide open.
A: 今週ミーティングする時間ある？
B: もちろん。3時以降ならどの日も空いてるよ。

▶ All my meetings got cancelled, so I'm wide open today.
全ての会議がなくなっちゃった。だから今日は全て空いています。

Chapter 9 → まとめ

（　　）内に適切な単語をいれてみましょう。

「やりたいです」 I'm (　　) for that.

「どこへ行くの？」 Where are you (　　)?

「どうでしょうか？」 How does that (　　)?

「何してますか？」 What are you (　　) to?

「週末はゆっくりします」
I'll just (　　) this weekend.

「ドラマを全部一気に観ました」
I (　　) -watched the whole season.

「ジムに行きます」 I'll (　　) the gym.

「いつが都合がいいですか？」 What's your (　　)?

「予定は入っていません」 I'm (　　) open.

【答】down, headed (heading) , sound, up , chill, binge, hit, availability, wide

Chapter 10
旅行先での会話
――本当に必要な場面

085 何時に着きますか？

What time will you arrive?

 What's your ETA?

A: **What's your ETA?**
B: I should arrive in about 10 minutes.
A: 何時に着きますか？
B: あと10分くらいで到着するよ。

Normal

What time will you arrive?

What's your ETA?

相手に「何時に着くの？」と到着予定時刻を尋ねる、とてもカジュアルな言い方です。

ETAとはestimated time of arrivalの頭文字をとった表現です。飛行機に乗ると、目の前のモニターにEstimated Time of Arrival 18:25のように表示されるので見覚えのある方も多いと思います。「到着予定時刻」という意味で、会話ではとてもカジュアルにETAと省略されます。My ETA is….（到着時間は〜です）のように使えます。

すぐに使える例文集

A: What's the ETA for your flight?
B: It's delayed a bit, so around 2:15 p.m.
A: 到着予定時刻はいつ？
B: ちょっと遅れているけど、2時15分頃かな。

A: Whereabouts are you? What's your ETA?
B: I'm on my way. I'll see you soon.
A: どこら辺にいる？　着くのはいつ？
B: 向かってる途中です。もうじきです。

A: When should I expect you?
B: Traffic is bad, so my new ETA is 3 p.m.
A: 何時ぐらいに家に帰ってくるの？
B: 渋滞していて、だから午後3時に変更です。

Chapter10　旅行先での会話

086 大通りに面しています

It's on the main street.

 It's on the main drag.

A: Is the Dunkin' Donuts around here?
B: Yeah, it's on the main drag. Just take a left over there.
A: ダンキンドーナツはこの辺にある？
B: ああ、メインストリートにあるよ。そこを左に曲がってすぐだよ。

Normal

It's on the main street.

Cool

It's on the main drag.

　大通りはmain streetが一般的ですが、アメリカ英語にmain dragというカジュアルな表現があります。イギリスではhigh streetと言います。

the main drag は主にアメリカで用いられる表現です。

> **すぐに使える例文集**

A: Where's the best place to shop around here?
B: Most of the good stores are on the main drag.
A: この辺で一番買い物にいい場所はどこ？
B: たいていのいいお店はメインストリートにあるよ。

A: Is there a good coffee shop nearby?
B: Yeah, there's a great one on the main drag.
A: 近くにいいコーヒーショップある？
B: うん、メインストリートに素敵な店があるよ。

A: Is it worth hitting the main drag?
B: For sure. There are plenty of options for fun there.
A: メインストリートに行く価値はあるかな？
B: もちろん。楽しめるところなんていくらでもあるよ。

▶ The theater is located on the city's main drag.
劇場は町のメインストリートにある。

087 何がしたいですか？

What do you want to...?

 What do you feel like...?

A: What do you feel like eating tonight?
B: I'm in the mood for Italian, maybe some pasta or pizza.
A: 今晩何を食べたいですか？
B: イタリアンの気分なので、パスタとかピザはどう？

Normal

What do you want to...?

Cool

What do you feel like...?

　want to...は相手の願望を直接聞く感じですので、少しオブラートに包んで、「何をしたい気分？」のような聞き方の時に使います。

feel like＋動詞のing形は、とても便利な表現です。I feel like going home.（家に帰りたいなあ）やI feel like taking a shower and freshening up.（シャワーを浴びてさっぱりしたいなあ）という使い方ができます。また、**feel like＋飲食物で「～を飲みたい、食べたいなあ」という意味**になります。例えば、I feel like a beer.で「ビールを飲みたいなあ」ということを表します。

> **すぐに使える例文集**

A: **What do you feel like** doing this afternoon?
B: I just want to chill and read a book.
A: 今日の午後何をしたい感じですか？
B: ただゆっくりして、本を読みたい気分だね。

A: Any plans on your day off?
B: **I feel like** going to the beach.
A: 休みの日に何をしたい？
B: 海に行きたい気分だよ。

▶ **I feel like** grabbing a drink after work.
仕事の後に飲みにでも行きたい気分です。

088 もう一杯飲みますか？

Do you want another drink?

 How about another round?

A: The cocktails here are amazing.
B: Yeah, how about another round?
A: ここのカクテルすごくいいね。
B: そうだね。もう一杯どう？

Normal

Do you want another drink?

Cool

How about another round?

　誰かとお酒を飲んでいる場面で、「もう一杯（同じ飲み物を）どう？」と相手の意向を尋ねる時に使います。

海外のパブでは、グループでお店に入り席を確保したら、まず一人が全員分の飲み物をまとめてバーカウンターに買いに行き、その人が支払うことがあります。その後、全員が飲み終わりそうな頃合で、別の人がI'll buy the next round.（次は私が支払います）やIt's my round.（今度は私が買いに行く番です）と言い、全員分の飲み物を買いに行きます。こうして**roundは、次の飲み物を買いに行く時の表現**となりました。そこから**How about another round?で「もう一杯飲みますか？」**と、相手の意向を聞く表現で用いられます。

すぐに使える例文集

A: I'm really enjoying this night.
B: Me too. Let's get another round.
A: Sounds great, let's do it.
A: 今夜は本当に楽しいよ。
B: 私も。もう一杯いこう。
A: いいね、そうしよう。

▶ I'm down for another round, if you are.
もう一杯いこうと思うんだけど、どう。

089 大丈夫です（結構です）

> No, thank you.

 I'm good, thanks.

A: My friends and I are going bungee-jumping. How about it?
B: I'm good, thanks.
A: 友達とバンジージャンプに行くんだけど、どう？
B: 大丈夫、ありがとう。

Normal

No, thank you.

Cool

I'm good, thanks.

　何かの誘いや提案を受けて、「大丈夫です」と言って断ることがありますね。そんな時、英語でも同じように I'm good, thanks. と言うことができます。

I'm good, thanks.は、**相手の提案をやんわりと断る時に使える便利な表現**です。No thank you.よりもフレンドリーな感じがします。I'm good, thanks.以外の表現も以下で確認しておきましょう。

> **すぐに使える例文集**

A: Would you like another cup of coffee?
B: I'm good, thanks.
A: コーヒーのお代わりはいかが？
B: 大丈夫、ありがとう。

Not right now.（今は大丈夫です）
A: Need any help with that?
B: Not right now.
A: 手伝おうか？
B: 今のところ大丈夫。

I'm all set.（大丈夫です、もう出ますので）
レストランなどで追加の注文を聞かれた際に、それを断り、会計してお店を出る、と言う時の表現です。
A: Would you like a refill?
B: No, I'm all set.
A: お代わりはいかがですか？
B: いや、結構です。

090 私が払います

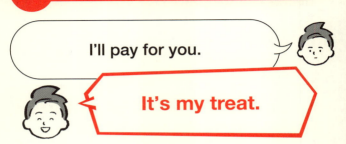

I'll pay for you.

It's my treat.

A: How much do I owe for lunch?
B: Nothing. It's my treat.
A: ランチ代はいくらになりますか？
B: なくていいよ。僕が出します。

Normal
I'll pay for you.

Cool
It's my treat.

　親しい友人や親戚、後輩などと食事に出かけて「今日は私が払うね」と言う時に使います。「お財布忘れちゃった」と言われた時には、No problem. It's my treat.（大丈夫、私が出しますよ）などと言うことができます。

It's my treat.やI'll treat you (this time).の表現は「**(今回は) 私がおごります**」という意味で用いられます。I treated myself to Godiva truffles.は、「自分へのご褒美にゴディバのトリュフを買った」となります。treat oneself to...で「自分へのご褒美に〜を買った」という表現です。「私のおごり」の意味で使われるmy treatには、以下に示すようにいくつかのパターンがあります。

すぐに使える例文集

A: I'd like to **treat you today.**
B: You really don't have to, but thanks.
A: 今日は私が出しますよ。
B: そこまでしていただかなくとも、でもありがとう。

▶ Don't worry about the bill. **It's my treat.**
  勘定は気にしないで。私のおごりだよ。

▶ Lunch **is on me today.**
  今日は私がおごるよ。

▶ Let's grab some coffee. **My treat.**
  コーヒーを飲みに行こう。私のおごりだよ。

091 少し酔ってます

I'm a little drunk.

 I'm a little tipsy.

A: Wow, that was a strong drink.
B: I know. I'm a little tipsy already.
A: わあ、強い酒だったね。
B: そうだね。少し酔ったよ。

Normal

I'm a little drunk.

Cool

I'm a little tipsy.

「ほろ酔い」という状態の時に使う表現です。

tipsyは「ほろよいの」「千鳥足の」という意味の形容詞です。いい感じに酔っ払っている時に使う表現で、drunkとは異なります。drunkはお酒を飲み過ぎて、ろれつも回らず、上手く立つことができずよろけてしまう、泥酔に近い状態です。

すぐに使える例文集

A: I'm a little tipsy.
B: Maybe it's time to slow down a bit.
A: 少し酔っています。
B: そろそろペースを落とした方がいいかもね。

A: How about another round?
B: I'm a little tipsy. Let's get some water.
A: もう一杯飲みますか？
B: 少し酔ったので。水でも飲みましょう。

▶ I'm already feeling tipsy from just one beer.
　ビール一杯で、既に少し酔ってるよ。

092 酔ってます

I'm drunk.

 **I'm smashed.**

A: Do you want another drink?
B: No, I'm good. I'm smashed.
A: もう一杯いく？
B: いや、大丈夫もうかなり酔ったから。

Normal
I'm drunk.

Cool
I'm smashed.

相当酔っ払って、これ以上飲めない、立ち上がれない、ベロベロという状態の時にI'm smashed.と言います。

smashed（ひどく酔っ払った）という形容詞の元はsmashという動詞で、「〜を粉々に壊す、粉砕する、たたきつける」という意味です。ひどく酔っ払っている様子を、**粉々に打ち砕かれて立ち上がれない状態**に喩えられていると考えればイメージしやすいですね。

すぐに使える例文集

A: You seem really out of it.
B: Yeah. I'm smashed. I shouldn't have mixed drinks.
A: すごくぼーっとしてるみたいだね。
B: うん、かなり酔ったよ。お酒を混ぜなければよかった。

A: How are you feeling after those tequila shots?
B: I'm totally smashed. Let's call it a night.
A: あのテキーラ全部飲んじゃったけど、どう？
B: 完全にベロベロだよ。今夜はここまでにしよう。

093 やりたいことリストに入っています

"I'd like to do that someday."

 It's on my bucket list.

A: Alaska has some amazing scenery. Have you been there?
B: No, but it's on my bucket list.
A: アラスカには素晴らしい景色があるよ。行ったことある？
B: ないけど、行きたい場所リストに入ってるんだ。

Normal

I'd like to do that someday.

It's on my bucket list.

　人生で一度はやってみたいことや行ってみたい場所、自分の夢や目標を語る時に使います。

bucket listは「生きている間に、やっておきたいことのリスト」という意味です。俗語のkick the bucket（死ぬ、くたばる）に由来する表現と言われています。bucketから「死」が連想され、バケツの中にリストを入れておくことで**「死ぬ前に一度はやっておきたいこと、行っておきたい所」**となったと考えられます。

すぐに使える例文集

A: Have you ever been skydiving?
B: No, but it's on my bucket list.
A: スカイダイビングをしたことある？
B: ないけど、やりたいことリストに入ってるんだ。

A: What's on your bucket list?
B: Seeing a Broadway show for sure.
A: 一生のうち一度はやっておきたいことは何？
B: 絶対にブロードウェイのショーは観ておきたい。

▶ Taking a pottery class is on my bucket list.
陶芸を学ぶことは、一度はやっておきたいです。

▶ Visiting all seven continents is on my bucket list.
全ての大陸を死ぬまでには一度は訪れたい。

094 臨機応変でいきます

I have no plan.

 I'm playing it by ear.

A: How are you spending your free day in Paris?
B: I'm playing it by ear.
A: パリでの自由時間はどう過ごそうか？
B: 臨機応変にいこうかと。

Normal

I have no plan.

Cool

I'm playing it by ear.

はっきりと予定を決めていないで、「臨機応変に、その場次第でいこうかと思っている」と言う時に使います。

一流のミュージシャンは、その場の音楽を聴きながら、楽譜を見ないでも、ふさわしい演奏ができます。耳で聞いて演奏をする、即興で演奏をするという意味のplay it by earという表現があります。そこから、**その場に合わせて臨機応変に対応する**という意味になりました。

すぐに使える例文集

A: What's the plan for tonight?
B: I'm playing it by ear. We'll figure it out.
A: 今夜の計画は？
B: 臨機応変にいこう。何とかなるよ。

A: How are you handling your new project?
B: I'm playing it by ear—adapting as I go.
A: 新しいプロジェクトはどう進めてる？
B: 臨機応変に対応してるよ。やりながら調整していく感じ。

▶ I'm playing it by ear when it comes to dinner plans.
　ディナーの予定は臨機応変に決めるつもりだ。

▶ Let's just play it by ear for our day off.
　休みの日の活動は臨機応変に決めることにしています。

Chapter 10 → まとめ

（　　）内に適切な単語をいれてみましょう。

「何時に着きますか？」 What's your（　　）?

「大通りに面しています」 It's on the main（　　）.

「なに食べたい？」
What do you（　　）like eating?

「もう一杯飲みますか？」
How about another（　　）?

「大丈夫です（結構です）」
I'm（　　）, thanks.

「私が払います」 It's my（　　）.

「少し酔ってます」 I'm a little（　　）.

「酔ってます」 I'm（　　）.

「やりたいことリストに入っています」
It's on my（　　）list.

「臨機応変でいきます」 I'm playing it by（　　）.

【答】ETA, drag, feel, round, good, treat, tipsy, smashed, bucket, ear

あとがき

　1960年代や70年代の人々はcoolなものをgroovyと表現していました。その後、80年代に入るとradやfabが好まれる表現として流行し、90年代にはawesomeがよく使われるようになりました。最近では、dope、flyそしてlitといった言葉が口語英語の流行として注目されています。目まぐるしく変化する流行の表現のスピードについていくのは、学習者にとって確かに難しいことです。

　こうした表現は、ある限られた期間の流行でもあり、めったに英語の教科書ではお目にかかりません。学習者の手に届くまでには何年もかかるため、教科書が標準的な英語表現に重点を置くのは理解できます。

　最近では、SNSの影響もあってか、流行の表現は驚くべき早さで変化しています。どれもワンショットフレーズで的確に意味を伝えています。本書には、X（旧Twitter）やTikTok、Instagramなどのソーシャルメディアでよく見かけたり、人気テレビ番組や映画でよく耳にする表現を取り上げました。これらのワンショットフレーズを、会話やSNSの中で積極的に活用し、最新の英語を身につけながら学んでいって欲しいと思っています。流行の表現を取り入れ、普段使いできる5語以下の短いフレーズを集めた本書が学習者の皆様のお役にたてれば幸いです。

　言語は常に変化をし続けるものです。英語ももちろん変化をしています。私たちはこの変化を見据えながら、

面白い表現が出てくる度に互いに情報を共有しています。ひょっとすると、第2弾が出版される、そんな可能性もみています。これからも皆さんとCoolな表現を共有できる日を楽しみにしています！

　　　　　　2024年8月　ジェフリー・トランブリー
　　　　　　　　　　　　（Jeffrey Trambley）

ちくま新書
1822

5語で通じるすごい英語表現
──94パターンで話がとぎれない

2024年10月10日　第1刷発行

著者
倉林秀男
（くらばやし・ひでお）

ジェフリー・トランブリー

発行者
増田健史

発行所
株式会社筑摩書房
東京都台東区蔵前 2-5-3　郵便番号 111-8755
電話番号 03-5687-2601（代表）

装幀者
間村俊一

印刷・製本
三松堂印刷 株式会社

本書をコピー、スキャニング等の方法により無許諾で複製することは、
法令に規定された場合を除いて禁止されています。請負業者等の第三者
によるデジタル化は一切認められていませんので、ご注意ください。
乱丁・落丁本の場合は、送料小社負担でお取り替えいたします。
© KURABAYASHI Hideo and Jeffrey TRAMBLEY 2024　Printed in Japan
ISBN 978-4-480-07654-0 C0282

ちくま新書

1687 シンプルで伝わる英語表現
——日本語との発想の違いから学ぶ　ジェフリー・トランブリー

「お先に失礼します」は英語でなんと言う？　クイズ形式で英語と日本語の発想の違いを学んで、日本人が「言えそうで言えない」英語表現を自然に身につけよう。

1522 日本人の9割が知らない英単語100　ジェフリー・トランブリー

おなじみの英単語でも、多くの日本人には知られていない「使える」意味がある。ネイティブには常識の、意外な・面白い意味を持つ100の英単語を集めた解説集。

1230 日本人の9割が間違える英語表現100　キャサリン・A・クラフト　里中哲彦編訳

教科書に載っていても実は通じない表現や和製英語など、日本人の英語は勘違いばかり！　長年日本人の英語に接してきた著者が、その正しい言い方を教えます。

1313 日本人の9割が知らない英語の常識181　キャサリン・A・クラフト　里中哲彦編訳

日本語を直訳して変な表現をしていたり、あまり使われない単語を多用していたり、日本人の英語はまだまだ勘違いばかり。10万部超ベストセラー待望の続編！

1548 朝から晩までつぶやく英語表現200　キャサリン・A・クラフト　里中哲彦編訳

英語上達の近道は、朝から晩まで、とにかく思ったことを英語で口に出すこと。いろんな場面で使える、シンプルだけど意外と知らない必携フレーズを200個紹介。

1735 そのまま仕事で使える英語表現189　キャサリン・A・クラフト　里中哲彦編訳

その表現、実は失礼かも？　ビジネス英語は微妙な言葉選びが結果に大きく影響します。ただ伝わるだけでなく丁寧に伝えるための、そのまま使える必携フレーズ集。

1724 英語脳スイッチ！
——見方が変わる・わかる英文法26講　時吉秀弥

英文法に現れる「世界や人間関係の捉え方」をスイッチすれば、英語の見方が変わる・考え方がわかる！「そうだったのか」が連続の、英語学習スタートの必携書。